ワインがおいしい
フレンチごはん

飯島奈美
料理

杉山明日香
ワイン監修

LITTLE MORE

はじめに

　フードスタイリストの飯島奈美さんと、ソムリエールの杉山明日香さん、仲良しのふたりの旅には、おいしい料理とワインが欠かせません。レストランを食べ歩いたり、ワインバーをはしごしたり、食材屋さんを訪ねたり、ワイナリーで試飲したり……。そんな旅の思い出のなかから、本書では特にフランスでの経験をもとに、飯島さんがレシピを考え、杉山さんがワインを選びました。どれも、ふたりがフランスで出合ったお気に入りの味です。飯島さんのレシピは、現地の料理をお手本にしつつも、そのまま再現するのではなく、日本の食卓になじみやすく、作りやすいようにアレンジを加えています。でも、味は本格的！　どんなワインを合わせればいいかは、杉山さんが丁寧に解説しています。ふたりが考案した、"ワインがおいしいフレンチごはん"をぜひお試しください。

フランスのワイン産地
おいしいワインあるところに、おいしい料理あり

　フランスでは、主に10の地域でワインを造っています。そこには豊かな食文化も根付いています。本書では、郷土料理をお手本にした料理と、同じ土地のワインの、両方がいっそうおいしくなる組み合わせを提案しました。もちろん枠にとらわれずに組み合わせるのも楽しいです。実際、いくつかその例もご紹介していますが、やはり同じ風土で育まれたもの同士の相性は抜群です。

シャンパーニュ地方
Champagne

フランスで最北のワイン生産地。結婚式などお祝いの席に欠かせないスパークリング・ワイン、その名も「シャンパーニュ」で知られます。

ロワール地方
Val de Loire

ロワール河沿いには、中世の城が建ち並び、美しい景観から「フランスの庭」と呼ばれます。広大な土地から、多様なワインを生み出しています。

ボルドー地方
Bordeaux

フランス屈指のワイン産地です。シャトー・マルゴーなど「5大シャトー」はあまりにも有名。パワフルで複雑な味わいの赤ワインが多いです。

南西地方（シュド・ウエスト）
Sud-Ouest

赤、というよりも黒、と表現するのがふさわしい濃厚な色合いのワイン「カオール」、別名「ブラック・ワイン」が有名です。

ラングドック-ルーション地方
Languedoc-Roussillon

地中海沿岸に広がる、全フランスワインの2割を生産する一大生産地です。特にカジュアル・ワインに強く、日本でも安価に手に入れることができます。

アルザス-ロレーヌ地方
Alsace-Lorraine

ドイツと国境を接し、文化にも共通点が見られます。リースリングや、ゲヴュルツトラミネルなどの、白ワインの生産が大半を占めています。

ブルゴーニュ地方
Bourgogne

ボルドーと並ぶ銘醸地です。「ロマネ・コンティ」はワイン・ラヴァーならずとも知る人が多いはず。シャブリやボージョレ・ヌーヴォーもこの地から。

ジュラ-サヴォワ地方
Jura-Savoie

スイスとの国境に接する山間の産地。ヴァン・ジョーヌ（黄ワイン）やヴァン・ド・パイユ（藁ワイン）といった一風変わったワインが有名です。

ローヌ地方
Côtes du Rhône

中心都市・アヴィニョンに法王庁があった頃、献上されていた「シャトーヌフ・デュ・パプ」が有名。北部と南部で異なる特徴のワインを造っています。

プロヴァンス地方-コルス島
Provence-Corse

マルセイユやニースがある地中海沿岸の産地。フランスのロゼワインの約4割を生産し、地元人もロゼをこよなく愛す。有機農法も盛んです。

マリアージュの公式
食事が楽しくなる! 料理とワイン、3つの組み合わせ方

料理とワインが織りなす味わいを、「マリアージュ」と言います。とても複雑で、奥の深いものですが、この本ではあえて、以下の3つの公式で、シンプルに紹介しています。

1.
ソックリの公式

ワインと料理、それぞれにある
「ソックリ」な特徴を合わせて、
親和性を楽しむマリアージュ

2.
サッパリの公式

料理の味を、ワインの特徴で
「サッパリ」と流すマリアージュ

3.
スパークの公式

ワインと料理、それぞれの個性を合わせて、
相乗効果を狙うマリアージュ

目次

- 3 はじめに
- 4 フランスのワイン産地
- 6 マリアージュの公式

[シャンパーニュ地方]
- 12 ウフ・ココット・グラティネ
- 14 ホタテのカルパッチョ 梅肉ソース
- 16 ワイン1本をふたりで楽しむハレの日の夕飯

[ボルドー地方]
- 18 ボルドー風ステーキ

[ブルゴーニュ地方]
- 22 エビとホタテのエスカルゴバター焼き
- 24 塩鶏とパセリのゼリー寄せ
- 28 卵の赤ワイン煮
- 30 タルタル風牛肉のたたき
- 32 ハムのシャブリソース
- 34 スズキのソテー

[ロワール地方]
38 シェーブル・チーズの温サラダ
40 アスパラガス ソース・ムスリーヌ
44 豚肉のリエット
44 かますのリエット
48 うなぎのロワール風
50 ピクニック・メニュー

[ローヌ地方]
52 レバーソテー

[アルザス-ロレーヌ地方]
54 アルザス風薄焼きピザ
56 鶏じゃが
58 キッシュ風グラタン
60 白菜の古漬けと
　　塩豚のシュークルート風

[ジュラ-サヴォワ地方]
64 鶏肉のヴァン・ジョーヌ煮

[南西地方]
66 鶏のコンフィ風

[プロヴァンス地方-コルス島]
68 マグロのたたきサラダ
70 あっさりブイヤベース

[ラングドック-ルーション地方]
74 タラのポテトサラダ
76 バスク風 豚の煮込み
80 招いた側も一緒に楽しめる、
　　おうちパーティメニュー

[フランス全土でおなじみの味から]
82 ナーミン揚げ
84 グジョネット
86 トマトの肉詰め
88 ドライフルーツとサワークリームの
　　アミューズ・ブッシュ
90 スモークサーモンと
　　具だくさんサワークリーム

93 こんなワインも合う
97 調味料について
98 A.O.C.名について
100 万能ワインについて
101 ワインをもっと楽しむために……
102 対談・おいしい旅の集大成

[レシピについて、
知っておいてほしいこと]
● 塩は、すべて粗塩です。
● こしょうは、特にことわりのないときは、白黒お好みで使ってください。
● バターは有塩です。
● 調味料の量の幅がもたせてあるときは、はじめは少なめに入れて、味見をしてください。食材の大きさ、味わい次第で、ちょうどよい量は変わってきます。
→詳しくは97ページ参照

[ワインについて、
知っておいてほしいこと]
● 「A.O.C.名」は、国の機関が認めた、ワインの「名前」です。名乗るためには、細かいルールの順守が必須なため、同じA.O.C.名なら、生産者が違ってもある程度似た品質や味わいになります。本書と同じワインを用意するのが難しければ、同じA.O.C.名のワインを探してみてください。詳細は98ページ参照。
● 生産年の欄にある「NV」とはノンヴィンテージの略称で、複数年のブドウから造ったワインをブレンドしているため、生産年の記載がないワインです。
● 「価格レベル」は、実勢価格に応じて☆をつけました。
☆＝2000円以下、
☆☆＝3500円以下、
☆☆☆＝5000円以下、
☆☆☆☆＝5000円以上、となっています。

"わたしたち食いしん坊だよね"
――飯島、杉山

CHAMPAGNE　シャンパーニュ地方

ウフ・ココット・グラティネ

焦げ目のついたチーズの下から半熟卵、がうれしい

材料（2人分、ココット2つ分）

ハム　2枚
コンテ・チーズ　40g
卵　4個
サワークリーム　大さじ2〜3
バゲット（スライス）　4枚
バター　適宜
塩・こしょう　少々

作り方

1．ハムは6等分に切る。コンテ・チーズは削る。
2．2つのココットそれぞれの内側にバターを塗り、ハム、常温の卵を2個ずつ、サワークリーム、コンテ・チーズ、塩、こしょうを入れる。それぞれの食材を少しずつ、順番をかえながら入れるのがポイント。一番上はコンテにする。
3．600Wのトースターで卵が張って半熟になるまで13〜15分焼く（1300Wの場合は約10〜12分）。焼けたら、トースターの庫内で1分ほど蒸らす。
4．焼いたバゲットを〈3〉に添える。

[マリアージュ]
ソックリの公式

A.O.C.名*1 ● シャンパーニュ・グラン・クリュ
Champagne Grand Cru

卵の「やさしい甘み」とサワークリームの「酸味」がワインにも感じられます。ワインが熟成したことで放たれる「香ばしさ」は、チーズの焦げの「香ばしさ」にもぴったりと合っています。

特徴 ● 柑橘や花のような香りと、心地よい酸味、ミネラル感*2をあわせもつ。リッチな味わい。
生産者 ● Lepreux-Penet ルプルー・プネ
品種 ● シャルドネ　100%
色・タイプ ● 白・辛口・泡
生産地 ● シャンパーニュ
（モンターニュ・ド・ランス地区）
生産年 ● NV
価格レベル ● ☆☆☆☆
備考 ● 生産者が"Bulles d'etoiles（ビュル・デトワール、星の泡）"と名付けているワイン

*1　98ページ参照
*2　100ページの2参照

[お料理について]
お手本●〈卵のココットグラタン〉
Oeuf cocotte gratinés
ウフ・ココット・グラティネ

杉山明日香（以下A） ● 一品目は、乾杯にぴったりの料理から。ワインは、もちろんシャンパーニュで。ウフ・ココット・グラティネは実は、朝食の定番メニューです。郷土料理というより、フランス全土で愛される味ですが、はじまりには、ふさわしいでしょう。20年前、はじめてフランスに行ったとき、朝食をとりに入ったレストランで、シャンパーニュを勧められてびっくり。あれ以来、「朝シャン（朝からシャンパーニュ）」がクセに……。お休みの日の遅めの朝食に、みなさんもいかがでしょうか？

飯島奈美（以下N） ● 材料も手軽で簡単、しかもワインにも合う。レシピで、ココットに具材をランダムに入れるように書いているのは、味の複雑な層を作りたいから。トースターはメーカーによって火力が違うので、ときどき確認しながら、黄身は半熟に仕上げてください。

CHAMPAGNE　シャンパーニュ地方

ホタテのカルパッチョ 梅肉ソース
飯島さん考案のソースが決め手

材料（2人分）
ホタテ（生食用）6個
梅酢 少々
塩 少々
梅肉ソース
　［梅干し（塩分13％／
　　叩いたもの）大さじ1
　　トマト（すりおろし）大さじ3
　　砂糖 ひとつまみ
　シブレット 適宜
　オリーブオイル 適宜

作り方
1．梅肉ソースの材料はすべて混ぜ合わせる。シブレットは2cmに切る。
2．ホタテは塩を軽くまぶし、10分おいてから水洗いし、キッチンペーパーで水気をしっかり取る。
3．〈2〉を薄く切り、皿に並べて梅酢を軽くふる。
4．梅肉ソースとオリーブオイルを回しかけ、シブレットを散らす。

［マリアージュ］
ソックリの公式
A.O.C.名 ● シャンパーニュ・ロゼ
Champagne rosé

ホタテの「ミネラル」とシャルドネ由来の「ミネラル」がよく合います。ソースに使った梅は、ピノ・ノワールの香りの中にもあり、共通点が見出せます。

特徴 ● 美しいサーモンピンクの色調と赤い果実の香り。果実味と切れ味が見事なバランス。
生産者 ● Pernet & Pernet
ペルネ・エ・ペルネ
品種 ● シャルドネ 50％、ピノ・ノワール 50％
色・タイプ ● ロゼ・辛口
生産地 ● シャンパーニュ（コート・デ・ブラン地区）
生産年 ● NV
価格レベル ● ☆☆☆☆

［お料理について］
お手本 ●〈ホタテのカルパッチョ〉
Carpaccio de Saint-Jacques
カルパッチョ・ド・サン・ジャック

N ● 梅肉ソースの塩分を薄めたいな、と思って、似たような色のトマトをすりおろして混ぜてみました。すると、思った以上においしくて、梅とトマトは、ソース以外でも、今ではわたしの定番の組み合わせです。梅肉ソースは、オリーブオイルを加えてタコを和えたり、そうめんのつゆに入れたり、何かと使えます。なぜか遠くにイチゴを感じます。
A ● シャンパーニュの生産者のところへ行くと、内陸地なのに、ホタテのカルパッチョがよく振る舞われます。シャンパーニュとの相性のよさから定番になったのでしょう。現地では木イチゴのソースで食べたことがあります。奈美さんは、なんと梅トマトソース。フレンチではなかなか考えつきません。味わいはもちろん◎。脱帽です。

白菜の古漬けと塩豚の
シュークルート風
[作り方は63ページ]

ワイン1本を ふたりで楽しむ ハレの日の夕飯

ふたりで料理に合わせて何本ものワインを飲むのは、ちょっと難しいでしょう。「ホタテのカルパッチョ 梅肉ソース」と「グジョネット」と「白菜の古漬けと塩豚のシュークルート風」の献立なら、「シャンパーニュ・ロゼ（14ページ）」1本でピタリと合わせられます。それぞれ味わいは異なりますが、味の構成はどれも、素材の旨みを活かしつつ、酸味のアクセントが効いています。シャンパーニュの「酸味」と「ソックリ」ですし、「コク」と「旨み」が「スパーク」してくれます。(A)

グジョネット
［作り方は84ページ］

ホタテのカルパッチョ
梅肉ソース
［作り方は14ページ］

"ボルドースタイルの王道ステーキ。
これだけを食べて飲んで、
バタンと寝てしまいたいです!"
——杉山

ボルドー風ステーキ
[作り方は21ページ]

BORDEAUX　ボルドー地方

ボルドー風ステーキ

いいお肉。塩こしょうだけ、もおいしいけれど

材料（2〜3人分）
牛肉（ステーキ用赤身 2.5cm厚） 2枚
バター 大さじ1/2
塩 少々
黒こしょう 少々
サラダ油 大さじ1/2

ソース
- エシャロット（みじん切り） 1個
- にんにく（みじん切り） 1片
- 赤ワイン 300cc
- フォンドボー（缶詰／湯で溶かした固形ブイヨンでも） 100cc
- はちみつ 小さじ1
- バター 20g
- 塩・黒こしょう 少々
- 水溶き片栗粉 適宜
- サラダ油 少々

作り方
1. 牛肉は常温にもどしておく。

2. ソースを作る。小鍋にサラダ油をひき、エシャロットとにんにくを炒める。赤ワインを加え、1/3まで煮詰める。フォンドボーを加えてさらに2/3の量になるまで煮詰め、味をみて塩、黒こしょう、はちみつを加え、水溶き片栗粉でとろみをゆるめにつける。

3. ステーキを焼く＊。熱したフライパンに薄くサラダ油をひき、盛り付けるとき上になるほうを下にして牛肉を入れる。落とし蓋（木製ならアルミホイルを巻くのがおすすめ）などでフライパンに密着させながら、強めの中火で片面1分半ずつ焼く。一度取り出して塩をふり、アルミホイルで包んで5〜6分休ませる。再びフライパンで両面1分ずつ焼いて（必要があれば側面も焼く）バターを加えてなじませ、黒こしょうをふる。

4. 〈2〉のソースを温めてバターを加え、ステーキにかける。

＊ 肉の厚さが2cm以下のときは、肉にあらかじめ塩、黒こしょうをふっておき、〈3〉の休ませる工程を省いて一気に焼いてください。熱したフライパンで40秒ずつ両面焼いてさらに両面20〜25秒ずつ焼きます。

[マリアージュ]
サッパリの公式
A.O.C.名 ● マルゴー
Margaux

肉の脂と旨みを、ワインの力強いタンニン＊と酸味が受け止めます。渋味で口がシュッと締まり、次の一口がすすみます。カベルネ・ソーヴィニョンには、ソースにも入っている黒こしょうの香りもあります。
＊ 100ページの4参照

特徴 ● 黒いベリー系の果実味、酸味、タンニンがしっかりと出ている。超高級ワイン「シャトー・マルゴー」のサードラインだが、味わいは一級品。ファーストより早く飲み頃になるのもいい。
生産者 ● Château Margaux シャトー・マルゴー
品種 ● カベルネ・ソーヴィニョン主体
色・タイプ ● 赤・辛口
生産地 ● ボルドー（メドック地区）
生産年 ● 2012
価格レベル ● ☆☆☆☆
備考 ● 生産者がMargaux du Château Margauxと名付けた、サードライン

[お料理について]
お手本 ●〈牛ロース ボルドー風〉
Entrecôte à la bordelaise
アントルコート・ア・ラ・ボルドレーズ

A ● ボルドーは、ワインはもちろん、牛の名産地「オーブラック」も近いから、お肉もおいしいです。わたしのお気に入りのステーキハウスは「ラ・ブラッスリー・ボルドレーズ」。パリにも名店、その名も「ラ・メゾン・ド・ローブラック」があって、奈美さんともよく行きます。奈美さんのレシピは、そんな名店の味をお手本にした、ボルドースタイルの王道ステーキ。これだけを食べて飲んで、バタンと寝てしまいたいです！ ソースにこしょうを効かせて「ソース・ポワヴラード」風にしてもおいしかったです。
N ● 何度も作ってみて、好みの焼き時間をみつけましょう。ちなみに、フランスのステーキは、かなりレアです。ソースのワインはしっかり煮詰めるのがポイント。酸味と渋味が旨みに変わります。オレンジや、ラズベリーのジャムをソースに加えると、鴨肉にも合います。

BOURGOGNE　ブルゴーニュ地方

エビとホタテのエスカルゴバター焼き

ワインがすすんで仕方がない。常備しておきたい万能バター

材料（2〜3人分）
ホタテ 4個
エビ（殻付き）8尾
薄力粉 少々
サラダ油 適宜
基本のエスカルゴバター
（作りやすい分量。実際には半量使う。残りは冷凍可）

- バター 60g
- にんにく（みじん切り）小さじ1
- パセリ（みじん切り）大さじ2〜3
- エシャロット（みじん切り）大さじ1〜2
- 塩 小さじ1/2

・レモン風味にアレンジするなら→さらに、レモンの皮（すりおろし）1/2個分を加える
・アンチョビ風味なら→アンチョビ（みじん切り）3枚分を加え、塩は入れない
・ケッパー風味なら→ケッパー（みじん切り）大さじ1を加える

作り方
1．基本のエスカルゴバターの材料をよく混ぜ合わせる。お好みで、レモンの皮、アンチョビ、ケッパーの中から1つ選んで加える。
2．ホタテは、半分に切る。エビは殻をむいて背ワタを取り、半分に切る。水気をキッチンペーパーでしっかり取り、薄力粉をほんのり薄くまぶす。
3．フライパンに薄くサラダ油をひき、ホタテとエビの表面を中火で焼き、弱火にして〈1〉の半量を加えて好みの火の通り具合に仕上げる。

ストックしておけばあっという間におつまみが一品作れてしまいます。

[マリアージュ（レモン風味のバターで）]
ソックリの公式
A.O.C.名●マコン
Mâcon

バターとワインのレモンの香りがピッタリ。エビとホタテの「ミネラル」と、ワインの「ミネラル」も親和性が高いです。

特徴●レモン、トロピカルフルーツの香り。完熟したきれいな果実味と、後からくる軽やかな酸味が特徴。
生産者●Domaine Cordier Père et Fils
ドメーヌ・コルディエ・ペール・エ・フィス
品種●シャルドネ 100％
色・タイプ●白・辛口
生産地●ブルゴーニュ（マコネ地区）
生産年●2015
価格レベル●☆☆
備考●Clos de la Maison（クロ・ド・ラ・メゾン）という名の畑のブドウから造られたワイン

[お料理について]
お手本●
〈ブルゴーニュ風エスカルゴの殻焼き〉
Escargots à la bourguignonne
エスカルゴ・ア・ラ・ブルギニョンヌ

N●にんにくとバターの焼けた香りをかぐと、反射的にワインが飲みたくなります。バターに加える食材は他にも柚子の皮、刻んだ山椒などもいいです。合わせる食材は、タコ、イカ、サバ、鶏肉、マッシュルーム、カリフラワーなどでも。調理法もホイルで包んだり、焼き皿に入れてトースターや網で焼いたり……。アレンジは自由自在です。
A●ブルゴーニュ地方の名物、エスカルゴ（カタツムリ）を調味するパセリ入りのバターが「エスカルゴバター」。驚くほどワインがすすむ味わいです。

塩鶏とパセリのゼリー寄せ
[作り方は27ページ]

"「あ、これ煮こごりみたい」
と思ったら、
急に日本の食卓に
合うような気がしてきました"
——飯島

BOURGOGNE　ブルゴーニュ地方

塩鶏とパセリのゼリー寄せ

フランス風「煮こごり」。さわやかな味にワインがすすむ

材料（4人分、型16cm×10cm×6cm、750cc）

塩鶏
- 鶏もも肉　2枚
- 塩　鶏肉の重さの2.5％

クローブ　1個
玉ねぎ　1/6個
セロリ　1/3本
パセリ（粗みじん切り）1束
白ワイン　大さじ2
ゼラチン　5g
フレンチマスタード　適宜
水　800cc

塩鶏の作り方
鶏もも肉に塩をまぶし、冷蔵庫で一晩おく。

作り方

1. 塩鶏をサッと水で洗い、鍋に入れ、クローブをさした玉ねぎ、セロリ、水を加え、キッチンペーパーをかぶせ弱火で静かに30分煮る。
2. 鶏肉を取り出して粗熱を取り、繊維に沿ってさいておく。皮は剝がして細かく切る。煮汁はざるで漉して1/3くらいまで煮詰める。
3. 煮汁のうち250ccを沸かし、白ワインを加えて一煮立ちしたら火を止め、ゼラチンをふり入れて溶かし、〈2〉の皮を加えて粗熱が取れたらパセリを加える。
4. 型に〈2〉の鶏肉を〈3〉の煮汁と交互に入れてラップをし、冷蔵庫で固まるまで3〜4時間、冷やす。
5. 食べやすく切って、皿に盛り、お好みでフレンチマスタードを添える。

[マリアージュ]
ソックリの公式

A.O.C.名● シャブリ
Chablis

パセリとワインの「さわやかさ」がベストマッチ。さらに「サッパリの公式」も見出せます。ワインが持つ柑橘の香りと酸のニュアンスはまるでレモン。食べながら口に含むとレモンを搾ったように、口の中が「サッパリ」。

特徴● シャルドネのフレッシュ感を活かした造りで、さわやかな柑橘の香りと石灰質土壌からのミネラル、豊富な酸がある。
生産者● William Fèvre　ウィリアム・フェーヴル
品種● シャルドネ 100％
色・タイプ● 白・辛口
生産地● ブルゴーニュ（シャブリ地区）
生産年● 2014
価格レベル● ☆☆

[お料理について]
お手本●〈ハムとパセリのゼリー寄せ〉
Jambon persillé
ジャンボン・ペルシェ

A● ブルゴーニュの定番中の定番の郷土料理。収穫祭のときには、鶏の型に入れたものがマルシェの店先に並んでいました。奈美さんのレシピは、本場のものよりサッパリさわやか。マスタードを付けると、ピリッと引き締まって、また一口、とすすんでしまいます。

N● 現地では、豚肉の骨付きのハムをじっくり煮て、ゼラチン質を煮出して、固めているみたいです。「あ、これ煮こごりみたい」と思ったら、急に日本の食卓に合うような気がして、短時間・お手軽レシピを考えてみました。パセリはしそやみょうが、万能ねぎ、生姜などでも。型のかわりにどんぶりやポリ袋でもいいです。塩鶏は煮汁がスープとしておいしくなる塩分量です。茹で鶏はサラダに入れても。

BOURGOGNE　ブルゴーニュ地方

卵の赤ワイン煮

ブルゴーニュへ行く楽しみのひとつになっている料理

材料（2人分）
- ベーコン（厚切り）1枚
- マッシュルーム 4個
- エシャロット（みじん切り／玉ねぎでも）大さじ4
- 卵 4個
- 赤ワイン 200cc
- バター 10g
- チキンスープ*（水でも）120cc
- 塩 小さじ1/3
- 黒こしょう 少々
- 砂糖 ひとつまみ
- 薄力粉 小さじ1弱

＊97ページ参照

作り方
1. ベーコンは拍子木切りに、マッシュルームは4つに切る。
2. 小鍋に赤ワインを入れ、半量まで煮詰める。
3. 小さめ（直径20cm程度）のフライパンにバターを入れて火にかけ、エシャロット、ベーコン、マッシュルームの順に炒め、薄力粉を加えさらに炒める。
4. 〈3〉に煮詰めた赤ワインとチキンスープを入れ、塩、黒こしょう、砂糖で味をととのえる。
5. 卵を4個割り入れて蓋をし、弱火で半熟になるまで煮る。

[マリアージュ]
ソックリの公式

A.O.C.名 ● ブルゴーニュ
Bourgogne

できれば料理にも同じワイン（せめて同じ品種）を使うと、いっそうマリアージュに一体感がでます。ピノ・ノワール由来の「酸味」は、卵とベーコンの「コク」をサッパリさせてもくれます。

特徴 ● ピノ・ノワールの特徴である華やかな赤いベリー系の香りが印象的。酸味もきれいに入っている。
生産者 ● Maison Roche de Bellene メゾン・ロッシュ・ド・ベレーヌ
品種 ● ピノ・ノワール 100%
色・タイプ ● 赤・辛口
生産地 ● ブルゴーニュ
生産年 ● 2013
価格レベル ● ☆☆
備考 ● Vieilles Vignes（ヴィエイユ・ヴィーニュ）の表記。古木のブドウで造られたワイン

[お料理について]
お手本 ●
〈赤ワイン仕立てのポーチドエッグ〉
Oeufs en meurette
ウフ・アン・ムーレット

N ● 明日香さんのワインの授業でこの料理を知って、ブルゴーニュで初体験しました。それからはタルタルとともに現地へ行く楽しみにもなっている料理です。

A ● わたしの大好物。ブルゴーニュに行くと必ず食べるひと皿です。もともとは、コック・オー・ヴァン（鶏の赤ワイン煮）という郷土料理の、余ったソースで卵を食べたのがはじまりらしいです。干しブドウを入れたり、じゃがいもを入れたり、いろいろなスタイルがあります。

BOURGOGNE　ブルゴーニュ地方

タルタル風牛肉のたたき

あらゆるビストロの味をくらべて辿りついた味

材料（2人分）
牛肉（生食用、赤身）200g
紫玉ねぎ（みじん切り）大さじ2
ピクルス（みじん切り）大さじ2
ケッパー（みじん切り）大さじ1
イタリアンパセリ（みじん切り）少々
フレンチマスタード　大さじ1/2
レモン　1/2個
塩・黒こしょう　適宜
サラダ油　少々

作り方
1．熱したフライパンにサラダ油をひき、牛肉を入れて強火で表面のすべてをきつね色に焼き、塩を軽くふり、粗熱をとってから、冷蔵庫で休ませて食べる前に薄切りにする。
2．〈1〉を皿に盛り付け、紫玉ねぎ、ピクルス、ケッパー、イタリアンパセリ、フレンチマスタードをまわりに盛り、レモンを添える。
3．レモンを搾り、塩、黒こしょうをふり、薬味を混ぜながらいただく。

[マリアージュ]
サッパリの公式

A.O.C.名 ● ジュブレ・シャンベルタン
Gevrey Chambertin

赤身の味を消さず、旨みを残して、脂だけ流してくれる上品なタンニンは、このA.O.C.ならではは。生肉をよく味わうと「酸味」を感じるはず。ピノ・ノワールの「酸味」に通じ、相性がよいです。

特徴 ● 赤いベリー系の果実の上品な香り、土壌のミネラル香。適度なタンニンで、酸も心地よい。ピノ・ノワールならではの繊細さ、エレガントさも感じられる。
生産者 ● La Gibryotte　ラ・ジブリオット
品種 ● ピノ・ノワール　100％
色・タイプ ● 赤・辛口
生産地 ● ブルゴーニュ（コート・ド・ニュイ地区）
生産年 ● 2014
価格レベル ● ☆☆☆☆

[お料理について]
お手本 ●〈タルタル・ステーキ〉
Steak tartare
ステック・タルタル

A ● タルタルはフランスに行くと店に入るたび注文してしまう料理です。奈美さんとわたしのNo.1は、ブルゴーニュのボーヌにある「ル・グルマンダン」という店。ディジョン・マスタードの効かせ方が特徴的です。でも、店ごと、地域ごとに調味の仕方が違うので、どうしても他の店のも食べたくなってしまいます（笑）。
N ● 人が集まったときには、テーブルで仕上げると、ライブ感があって盛り上がります。アジアっぽくパクチーを加えたり、粒山椒をすって和風にしたり、アレンジしてもおもしろいです。

BOURGOGNE　ブルゴーニュ地方

ハムのシャブリソース

トマトと白ワインのソースの酸味で、ハムもワインもどんどんすすむ

材料（4人分）
ハム（厚切り）　4枚
バター・サラダ油　適宜
ソース
- エシャロット（みじん切り／玉ねぎでも）　大さじ3
- トマト（すりおろし）　1個分
- バター　大さじ2
- 白ワイン　150cc
- 生クリーム　80cc
- 塩　小さじ3/4
- こしょう　少々
- 薄力粉　小さじ1

作り方
1．ソースを作る。バターでエシャロットを透き通るまで炒め、薄力粉を加えさらに炒める。白ワインを加えて沸騰させ、アルコールをとばし半量まで煮詰める。トマトを加えて中火で5分煮る。生クリームを加えて弱火にし、塩、こしょうで味をととのえる。
2．熱したフライパンにサラダ油、バターをひき、ハムを両面焼いたら、皿に盛り、〈1〉のソースをかける。
3．フライパンで焼いたズッキーニ、芽キャベツなど、お好みの野菜（材料外）を添える。

[マリアージュ]
スパークの公式

A.O.C.名 ● シャブリ・プルミエ・クリュ
Chablis 1er Cru

ぜひソースにもシャブリを。当然、ベストマッチです。ハムの凝縮した「塩味」、「旨み」と、1級ワインならではの複雑な「コク」が渾然一体となってそれぞれを高め合います。トマトとワインの「酸味」も好相性です。

特徴 ● シャブリらしい、さわやかな柑橘と火打ち石、石灰を思わせるミネラルの香り。白こしょうのようなスパイスの風味も。プルミエ・クリュ（1級）ならではの極上シャブリ。
生産者 ● Domaine Rijckaert　ドメーヌ・リケール
品種 ● シャルドネ 100％
色・タイプ ● 白・辛口
生産地 ● ブルゴーニュ（シャブリ地区）
生産年 ● 2014
価格レベル ● ☆☆☆

[お料理について]
お手本 ● 〈ハムのシャブリソース〉
Jambon à la chablisienne
ジャンボン・ア・ラ・シャブリジェンヌ

N ● シャブリ地区のレストランで食べたときは、わざわざハムをステーキに？と意外でしたが、簡単だし、ハムといえばお歳暮の定番だし、すぐ日本でできると思いました。ソースのトマトと白ワインのほのかな酸味でハムとワインがどんどんすすみます。青っぽさが残るトマトでソースを作るとスッキリ、真っ赤に熟しているならコクがある甘い仕上がりに。熟し方による味の変化に合わせて、いろいろなワインを合わせてみては？

A ● 奈美さんは、お手本の料理のエッセンスをすくってアレンジするのがうまいけれど、このレシピについてはまさに現地の味そのまま。ブルゴーニュの中でもシャブリ地区でしかお目にかかれない珍しい料理なので、なかなか食べられなかったのに、もういつでも食べられるなんて、嬉しいです！

スズキのソテー
［作り方は37ページ］

"クリームソースがかかった
魚のソテーは、
フランスのビストロの定番メニュー"
——杉山

下から8割が白くなったらひっくり返す。

BOURGOGNE　ブルゴーニュ地方

スズキのソテー

皮の香ばしさが食欲をそそる。一品で食卓が瀟洒に

材料（2人分）
スズキ　2切れ
バター・サラダ油　少々
塩・こしょう　少々
ソース
- にんにく（みじん切り）小さじ1
- エシャロットコンフィ（右参照）
  　大さじ2
- バジル（みじん切り）少々
- バター　20g
- 白ワイン　大さじ4
- チキンスープ*　大さじ4
- 生クリーム　90cc
- 塩・こしょう　少々
- 水溶き片栗粉　適宜

＊ 97ページ参照

〈エシャロットコンフィの作り方〉
材料（作りやすい分量）
エシャロット（みじん切り）
　160g（約2個）
白ワイン　160cc
白ワインビネガー　80cc
砂糖　大さじ2
塩　小さじ1/2

材料をすべて鍋に入れて、軽く、クッキングシートで落とし蓋をして弱めの中火で水分がほとんどなくなるまで煮詰める。

作り方
1．ソースを作る。バター5gでにんにくを炒め、白ワインを入れ、煮詰める。チキンスープ、生クリーム、エシャロットコンフィも加え沸騰したら、塩、こしょうで味をととのえる。水溶き片栗粉でゆるくとろみをつけ、残りのバター、バジルを加える。
2．スズキに塩、こしょうをする。フライパンにバターとサラダ油をひき、皮目から焼く。8割がた焼けたらひっくり返し火を通す。
3．皿にスズキを盛り、〈1〉のソースをかける。

[マリアージュ]
ソックリの公式

A.O.C.名 • ムルソー
Meursault

熟成に焦がした樽を使い、「樽香」がしっかりあるワインを合わせました。この「香ばしさ」とスズキの皮の「香ばしさ」が高い親和性があります。エシャロットコンフィとワインの「酸味」もまた、「ソックリ」でよく合います。

特徴 • 黄色い柑橘やほのかなはちみつの香り、また樽を焦がした香ばしさが溶け込んでいる、ムルソーらしいムルソー。
生産者 • Domaine Génot-Boulanger ドメーヌ・ジェノ・ブーランジェ
品種 • シャルドネ100％
色・タイプ • 白・辛口
生産地 • ブルゴーニュ
（コート・ド・ボーヌ地区）
生産年 • 2013
価格レベル • ☆☆☆
備考 • Clos du Cromin
（クロ・デュ・クロマン）という名の畑のブドウから造られたワイン

[お料理について]
お手本 • 〈魚のソテー〉
Sauté de poisson
ソテー・ド・ポワソン

N • 余熱でも火が通りますので、焼きすぎないようにしてください。鯛、タラなどもおすすめです。エシャロットコンフィさえ作っておけば、立派なソースをさっと作れます。コンフィはサラダ、タルタルソース、パスタの仕上げ、酢飯にと、活用の幅は広いです。
A • クリームソースがかかった魚のソテーは、フランスのビストロの定番メニューです。奈美さんのレシピは、クリームソースのリッチさに、バジルが清涼感を与えていて、味わいのバランスがとてもいいです。

VAL DE LOIRE　ロワール地方

シェーブル・チーズの温サラダ
見た目は大胆。だけど、繊細なバランスの味です

材料（2〜3人分）
グリーンリーフ、
　ベビーリーフ　合わせて180g
ベーコン（薄切り）4枚
バゲット（スライス）4〜6枚
シェーブル・チーズ　50g
はちみつ　少々
ドレッシング（作りやすい分量）
　サラダ油　大さじ4
　ワインビネガー　大さじ1と1/2
　はちみつ　大さじ1/2〜1
　フレンチマスタード　小さじ1/2〜1
　塩　小さじ1/2
　こしょう　少々

作り方
1. リーフ類は冷水で洗いシャッキリさせて、ざるに上げ水気を切る。
2. ベーコンは3等分の長さに切り、フライパンで軽く焦げ目がつくまで焼く。
3. ドレッシングの材料をすべて混ぜ合わせる。
4. バゲットに、くし形に切ったシェーブル・チーズをのせ、トースターでとろりとするまで焼く。
5. 大きなボウルにリーフ類を入れ**ドレッシング**を半量加えて手で全体を和えて器に盛り、ベーコンと〈**4**〉をのせ、仕上げにチーズの中心にはちみつをかける。

[マリアージュ]
ソックリの公式
A.O.C.名●サンセール
Sancerre

野菜の「青み」とワインの「青み」、シェーブル・チーズの「酸味」とワインの「酸味」が「ソックリ」。合わないはずがない、完璧な組み合わせです！

特徴●洋ナシや柑橘系（グレープフルーツ、レモン）のエレガントな香り、ミントのさわやかな香りが感じられる。すっきり、さわやかな果実味が心地よい。
生産者●Domaine du Carrou
ドメーヌ・デュ・キャルゥ／
Dominique Roger ドミニク・ロジェ
品種●ソーヴィニョン・ブラン100％
色・タイプ●白・辛口
生産地●ロワール
（サントル・ニヴェルネ地区）
生産年●2015
価格レベル●☆☆☆

[お料理について]
お手本●〈シェーブル・チーズの温サラダ〉
Salade de crottin de chèvre chaud
サラダ・ド・クロタン・ド・シェーブル・ショー

A●ロワール地方の、特にサントル・ニヴェルネ地区のワイン生産者はみなさん、ソーヴィニョン・ブランにシェーブル・チーズをよく合わせていました。食卓に欠かせない組み合わせのようです。奈美さんのレシピの肝は、ドレッシングとチーズの上のはちみつ。これがすべてをまとめています。
N●今回使ったシェーブル・チーズは、平べったくて栗の葉っぱに包まれていました。チーズと野菜をバランスよく食べるには、ベーコンは、なるべく薄いものがおすすめです。「柿の種3粒にピーナッツ1粒」というような絶妙なバランスを目指しましょう。厚いなら短く切っても。

アスパラガス
ソース・ムスリーヌ
［作り方は42ページ］

"ひと皿全部独り占めしたい"
——杉山

VAL DE LOIRE　ロワール地方

アスパラガス ソース・ムスリーヌ
ひと工夫で、いつものマヨネーズがフレンチのソースに

材料（2～3人分）
卵 3個
アスパラガス 6本
そら豆 15粒程度
ソース
　マヨネーズ 大さじ4
　牛乳 大さじ2
　フレンチマスタード 小さじ1/2～1
　パプリカパウダー＊ 少々
　白しょう 少々
　塩 ひとつまみ
　＊ 97ページ参照

作り方
1．沸騰した湯に、常温の卵を入れて8分半茹で、水に取り、殻をむいて半分に切る。
2．アスパラガスは半分から下の皮をむき3つに切って茹で（余熱でも火が通るので固めに）、ざるに上げ、粗熱を取る。そら豆も茹でて薄皮をむく。
3．**ソース**の材料はすべて混ぜ合わせておく。
4．皿に茹で卵、アスパラガス、そら豆を盛り、**ソース**をかける。

[マリアージュ]
ソックリの公式
A.O.C.名●プイィ・フュメ
Pouilly-Fumé

アスパラガスとそら豆の「青み」とワインの「青み」がよい組み合わせ。ワインにある柑橘系の「酸味」も、マヨネーズの「酸味」と合っています。

特徴● レモンなど柑橘のさわやかな香り、草原を思わせる青っぽい香りが漂う。石灰のニュアンスもしっかりと入っていて、ロワールのソーヴィニヨン・ブランの典型的な味と香りが感じられる。
生産者● Domaine Serge Dagueneau & Filles
ドメーヌ・セルジュ・ダグノー・エ・フィーユ
品種● ソーヴィニヨン・ブラン 100%
色・タイプ● 白・辛口
生産地● ロワール
（サントル・ニヴェルネ地区）
生産年● 2015
価格レベル● ☆☆☆

[お料理について]
お手本●
〈アスパラガス・ソース・ムスリーヌ〉
Asperges sauce mousseline
アスペルジュ・ソース・ムスリーヌ

A● ロワールは農産物が豊富です。名産はアスパラガスで、日本でフランス産といえばロワール産がほとんど。フランスでは、旬の苦味のないアスパラを薄くスライスして生で食べます。そんなときも、ソースはムスリーヌです。奈美さんのレシピは現地で食べるよりも軽やか。ひと皿全部独り占めしたい気分になっちゃいました。
N● マヨネーズに牛乳を加えるだけで、フレンチっぽいソースに。パプリカパウダーは彩りがいいだけでなく、味わいに複雑さも加えてくれます。

豚肉のリエット
［作り方は46ページ］

かますのリエット
［作り方は47ページ］

"ロワールの食材屋さんには豚肉や魚、
野菜などいろいろな種類の
リエットがありました"
――飯島

VAL DE LOIRE　ロワール地方

豚肉のリエット
ビストロの定番が家で作れる

材料（作りやすい分量）
豚肩ロース（トンカツ用）350g
玉ねぎ　1/4個
タイム　1枝
ローリエ　1枚
白ワイン　150cc
水　150cc
塩　小さじ1/2
こしょう　少々

作り方
1．豚肩ロースは一口大に切る。玉ねぎは薄切りにする。
2．鍋に豚肉、玉ねぎ、タイム、ローリエ、白ワイン、水を入れ、蓋をして弱火でコトコト1時間15〜30分、ヘラで押してすぐに豚肉がつぶれるくらいまで煮る。気密性の高い鍋なら、ワインと水を各100cc程度に減らす。
3．水分がほとんどなくなり、鍋底に脂が少したまるくらいになったら、タイム、ローリエは取り出し、つぶして滑らかになったら、塩、こしょうで味をととのえる。

［マリアージュ］
ソックリの公式

A.O.C.名 • ヴーヴレ
Vouvray

豚肉の脂の「甘み」と、シュナン・ブラン由来の「甘み」がよく合います。さらに、ワインの「酸味」が、脂を流して「サッパリ」させてくれます。

特徴 • リンゴの甘酸っぱい香りや蜜の部分のほのかな甘い香り。辛口に仕上げているが、もともと糖度が高めのブドウ品種なので、ほのかな甘みのニュアンスが感じられる。酸味もきれい。
生産者 • Domaine Vigneau-Chevreau ドメーヌ・ヴィニョー・シュヴロー
品種 • シュナン・ブラン 100%
色・タイプ • 白・辛口
生産地 • ロワール（トゥーレーヌ地区）
生産年 • 2015
価格レベル • ☆☆
備考 • Clos de Rougemont（クロ・ド・ルージュモン）という名の畑のブドウから造られたワイン

VAL DE LOIRE　ロワール地方

かますのリエット

豚肉で作るより手軽。サッパリだけど、かますの旨みがぎっしり

材料（4人分）
かます（三枚卸し）大2尾
クリームチーズ　60g
ディル　少々
白ワイン　50cc
水　250cc
生クリーム　80cc
塩　小さじ1/2
白こしょう　少々

作り方
1．かますは塩（分量外）を薄くふり、10分おく。鍋にかます、白ワイン、水を入れて5分煮たらざるに上げて水気を切り、冷ます。
2．〈1〉のかますの皮と骨を取り、フォークでつぶす。キッチンペーパーで水気をしっかり取る。
3．クリームチーズをヘラなどでかき混ぜ、なめらかにし、生クリームを加えてよく混ぜ、かます、塩、白こしょう、細かく切ったディルを加えてさらに混ぜる。

[マリアージュ]
ソックリの公式
A.O.C.名● サンセール
Sancerre

かますの「ミネラル」とワインの「ミネラル」が非常によく合います。また、ワインの酸味がレモンがわりになっていて、「サッパリの公式」も見出せます。

特徴● 洋ナシや白桃のフルーティさと貝殻、石灰などミネラルの香りが感じられる。酸味とミネラルのバランスがすばらしく、エレガントな味わい。
生産者● Domaine du Carrou ドメーヌ・デュ・キャルゥ／Dominique Roger ドミニク・ロジェ
品種● ソーヴィニョン・ブラン 100%
色・タイプ● 白・辛口
生産地● ロワール（サントル・ニヴェルネ地区）
生産年● 2014
価格レベル● ☆☆☆
備考● Chêne Marchand（シェーヌ・マルシャン）という、A.C.サンセールの畑のなかでも、最上級の区画のブドウのみで造られたワイン

[お料理について]
お手本●〈リエット〉
Rillettes
リエット

N● 作っておけばすぐにワインのおつまみになります。ロワールの食材屋さんには豚肉や魚、野菜などいろいろな種類のリエットがありました。レタスや薄切り玉ねぎとバゲットサンドにしてもいいし、トーストにのせて朝ごはんにするのもおすすめです。かますは干物になったものでも。その場合、塩を控えてください。
A● 脂たっぷりの豚肉のリエットにすら、奈美さんのレシピの特徴であるサッパリ感、シンプルさが生きています。かますのほうは味の凝縮感がすごい！ディルのさわやかさも効いていて、上品な一品になっています。

VAL DE LOIRE　ロワール地方

うなぎのロワール風
蒲焼きがあっという間にフレンチに！

材料（4人分）
うなぎの蒲焼き　2尾
長ねぎ　2本
ドライプルーン（種無し）　4個
山椒の水煮（水を切る）　大さじ1
バター　12g
赤ワイン　250cc
はちみつ　小さじ1〜2
蒲焼きのタレ　小さじ1
塩　少々

作り方
1．うなぎの蒲焼きは食べやすい大きさに、長ねぎは4cmに切る。
2．フライパンにバターをひき、長ねぎをきつね色に焼いて、塩をふり、取り出す。
3．同じフライパンにドライプルーン、赤ワイン、はちみつを入れ、5分ほど中火で煮詰め、うなぎと蒲焼きのタレ、山椒の水煮を入れて落とし蓋をして5分煮る（うなぎを温める程度）。
4．うなぎを取り出して、長ねぎと盛り付ける。煮汁を好みの濃度に煮詰めてかける。

［マリアージュ］
ソックリの公式
A.O.C.名・シノン
Chinon

山椒の「青っぽさ」と、カベルネ・フランの「青っぽさ」は、非常にいいマリアージュ。わたしは、うなぎの蒲焼きにも山椒をかけて、カベルネ・フランを合わせます。

特徴●草原を思わせる青っぽさ、ハーブ香に続き、チェリーやスミレのニュアンスの香りも。果実味は凝縮感があるが、タンニンは柔らかく後味も心地よい。
生産者●Marc Brédif　マルク・ブレディフ
品種●カベルネ・フラン　100％
色・タイプ●赤・辛口
生産地●ロワール（トゥーレーヌ地区）
生産年●2014
価格レベル●☆☆

［お料理について］
お手本●〈うなぎの赤ワイン煮〉
Matelote d'anguille
マトロット・ダンギーユ

N●山椒はミカン科サンショウ属の植物。どこか柑橘類のニュアンスがあって、濃厚なうなぎにさわやかさをプラスしてくれます。じっくり焼いた甘い長ねぎもうなぎによく合います。
A●ロワールの郷土料理です。レストランで食べたとき、同地を代表する黒ブドウ、カベルネ・フラン主体の赤ワインをおすすめされました。定番のマリアージュだそうです。ロワールでは、うなぎ自体も、味付けもこってりですが、奈美さんのレシピは軽やかで、山椒が効いてさわやか。いっぱい食べたくなります。

ドライフルーツと
サワークリームの
アミューズ・ブッシュ
[作り方は89ページ]

豚肉のリエット
[作り方は46ページ]

ピクニック・メニュー

フランス人はピクニックが大好き。やり方もこなれています。場所は家の近所の公園、食事はありあわせ。そんな気軽な雰囲気を真似してみては？ 手で持っていける距離ならお皿もそのままで。太陽の下での食事はやっぱり楽しい。「キッシュ風グラタン」と「豚肉のリエット」と「ドライフルーツとサワークリームのアミューズ・ブッシュ」をバスケットにつめました。ワインは「ヴーヴレ（46ページ）」がおすすめ。ちょっとくらいぬるくなってもおいしく飲めます。(A)

キッシュ風グラタン
［作り方は59ページ］

CÔTES DU RHÔNE　ローヌ地方

レバーソテー

飯島さんならではの工夫が光る2種類のソース

材料（2人分）
牛レバー　300g
バター　15g
塩・こしょう　少々
薄力粉　少々
サラダ油　少々
ソース
　エシャロットコンフィ*1　大さじ2〜3
　生クリーム　80cc
　赤ワイン*2　大さじ2
　ケチャップ　小さじ1
　粒マスタード　小さじ1と1/2
　ローズマリー（乾燥）　少々
　塩・こしょう　少々
*1 37ページ参照
*2 赤ワインでなく白ワインを使うときはケチャップのかわりにバターを少々加える。

作り方
1．牛レバーは1.5〜2cmの厚さにスライスし、10分ほど水につけて血を抜いたら、キッチンペーパーで水気をしっかり取り、塩、こしょう、薄力粉をふる。
2．フライパンにサラダ油とバターを熱し、レバーを入れ、中火で両面を軽く焼き色がつくまで焼き、弱火にして7〜8分さらに焼き、中まで火を通す。
3．レバーが焼きあがるタイミングに合わせて**ソース**を作る。鍋に材料をすべて入れ、沸騰したら塩、こしょうで味をととのえる。
4．皿にレバーをのせ、〈**3**〉の**ソース**をかける。

[マリアージュ（赤ワインソースで／93ページも参照）]
ソックリの公式
A.O.C.名● モルゴン
Morgon

繊細でありながらクセのあるレバーを邪魔しない、稀有な特徴のワインを合わせました。やさしい「甘み」は、ケチャップの「甘み」とも相性がいいです。

特徴● クリュ・デュ・ボージョレというブルゴーニュ南部の上級エリア内に位置するモルゴン村で生産。タンニンも、酸味も、甘みもやさしく、全体として上品でかわいらしい印象。カシスを思わせる黒っぽい果実味も。
生産者● Louis Latour　ルイ・ラトゥール
品種● ガメイ　100％
色・タイプ● 赤・辛口
生産地● ブルゴーニュ（ボージョレ地区）
生産年● 2013
価格レベル● ☆☆

[お料理について]
お手本●〈レバー・ソテー〉
Sauté de foie
ソテー・ド・フォワ

A● ソテー・ド・フォワは、ブルゴーニュの南、コート・デュ・ローヌの北に位置する街、リヨンでよく食べられています。地元では、ワインを煮詰めたソースを使うところを、奈美さんはケチャップ！驚きましたが、レバーとの相性は抜群でした。
N● 新鮮なレバーが手に入ったときに作ってみてほしいです。フランスのレストランでは内臓料理がメニューによく並んでいます。レバーの他には、豚の血を使ったスープなども。オレンジの皮や砕いたカカオが入っていて、おいしくてびっくりしたこともありました。

ALSACE-LORRAINE　アルザス-ロレーヌ地方

アルザス風薄焼きピザ

なんと餃子の皮で。お酒もすすむし、子供たちも大喜び

材料（16〜20枚分）

玉ねぎ 1/6個
マンステール・チーズ 100g
ベーコン（薄切り） 2枚
サワークリーム 90g
餃子の皮 16〜20枚
クミンシード 少々
塩 少々

作り方

1. 玉ねぎは薄切りにする（長さは元のたまねぎの半分に）。マンステール・チーズも薄く切り、ベーコンは1cm幅に切る。サワークリームに塩を混ぜる。

2. トースターに天板を入れ、1〜2分温める。餃子の皮に〈1〉のサワークリームを塗る。さらに、チーズをのせクミンシードを散らしたものと、玉ねぎとベーコンをのせたものの2種類を作り、トースターで焼く（やけどに注意）＊。

＊ フライパンで焼く場合
熱したフライパンに餃子の皮を並べて焼き色がつきパリッとするまで焼き、一度取り出し、焼いた面に〈1〉のサワークリームを塗る。さらに具材をのせて、フライパンに戻す。蓋をして弱火で加熱し、チーズがとろっとするまで焼く。ホットプレートでも同様です。

[マリアージュ]
ソックリの公式

A.O.C.名 ● アルザス ゲヴュルツトラミネル
Alsace Gewürztraminer

クミンとワインの「スパイシーさ」がよく合います。甘いワインとピザ、意外だけど、ゴルゴンゾーラ・チーズのピザにはちみつをかけるような、クセになるあまじょっぱさです。

特徴 ● ゲヴュルツトラミネルの品種に特徴的なライチの香りがきれいに出ている。フルーティでフローラル、さらにスパイシー。後味には、はちみつのような甘みとピリッと感がある。
生産者 ● Domaine Sipp Mack
ドメーヌ・シップ・マック
品種 ● ゲヴュルツトラミネル 100％
色・タイプ ● 白・辛口
生産地 ● アルザス
生産年 ● 2011
価格レベル ● ☆☆

[お料理について]
お手本 ●〈アルザス風ピザ〉
Tarte flambée
タルト・フランベ（フランス語）
Flammekueche
フラムキュエシュ（アルザス語）

A ● アルザスでは、特産のマンステール・チーズにクミンをのせて、これまた特産のゲヴュルツトラミネル品種の白ワインを合わせるのが王道の組み合わせです。その味を餃子の皮で再現してしまうとは、奈美さんならでは！ ホットプレートでパーティしても楽しそう。

N ● 材料さえあれば、あっという間に作れます。本場のものは、小麦粉で作った薄い薄い生地の上にシンプルな具材をのせて、カリッと焼きます。サイズがかなり大きくてびっくりしますが、とても薄いので意外に食べられてしまいます。トルティーヤの生地を使ってもいいです。

ALSACE-LORRAINE　アルザス-ロレーヌ地方

鶏じゃが

鶏の旨みを吸い込んでじゃがいもがホクホクおいしくなる

材料（3人分）
鶏もも肉　2枚
塩（鶏肉の下味用）小さじ1/2
じゃがいも　3個
キャベツ　1/3個
塩・黒こしょう　少々
オリーブオイル　大さじ1
水　100cc

作り方

1．鶏もも肉は余分な脂やスジを取り、一口大に切って塩をふる。じゃがいもは皮をむき、小さめの一口大に切って5分ほど水にさらす。キャベツはざく切りにする。

2．熱した深めのフライパン又は鍋にオリーブオイルをひき、鶏肉を皮目を下にして並べ、中火で焼く。少し焦げ目がついたら水気を切ったじゃがいも、キャベツの順に重ねてのせる。水を加えて蓋をして中火で15〜20分、じゃがいもに串がスッと通るまで煮る（水分が足りなくなったら途中で足す。鶏肉がふつふつ煮えて旨みで水分が白濁してくる）。

3．蓋を取り水分をとばすようにさらに5〜7分煮て、塩、黒こしょうで味をととのえる。全体的に混ぜて汁を具材にからめる。仕上げにオリーブオイル（分量外）を足してもよい。

［マリアージュ］
スパークの公式

A.O.C.名 ● アルザス リースリング
Alsace Riesling

じゃがいも、鶏肉、キャベツが織りなす複雑な「旨み」と、リースリングのほのかな「甘み」、「果実味」が渾然一体となります。でも味付けは塩・こしょうだけでシンプルなので食べ疲れません。

――

特徴 ● アプリコット、リンゴやはちみつの香りのなかに、リースリング特有のペトロール香（重油香）＊がしっかりと感じられる。甘みと酸味のバランスが非常によい。
＊ 100ページの1参照
生産者 ● Domaine Sipp Mack
ドメーヌ・シップ・マック
品種 ● リースリング 100％
色・タイプ ● 白・辛口
生産地 ● アルザス
生産年 ● 2012
価格レベル ● ☆
備考 ● Vieilles Vignes（ヴィエイユ・ヴィーニュ）の表記。樹齢40年以上の古木のブドウで造られたワイン

［お料理について］
お手本 ●〈肉と野菜の蒸し焼き〉
Baeckeoffe
ベッコフ

N ● 春の肉じゃがをイメージして、玉ねぎを春キャベツに、牛肉を鶏肉にして塩・こしょうでシンプルに味付けしました。初めて明日香さんに作ったとき「ベッコフみたい！」と、気に入ってくれて、それからはわたしたちがワインを飲むときの定番に。鶏肉とじゃがいもに負けじと、キャベツもトロトロになっておいしいです。

A ● 本場のベッコフでは、じゃがいも、にんじん、鶏肉やウサギの肉などを重ねて鍋で蒸し焼きにします。じゃがいも好きのアルザスの人たちが愛する代表的な一品です。キャベツを選んだ奈美さんのレシピは、まさに取り合わせの妙。日仏両国で、家庭料理の定番になるのでは？

ALSACE-LORRAINE　アルザス-ロレーヌ地方

キッシュ風グラタン

難しい生地作りを省いた、革新的キッシュ

材料（3人分）
ほうれん草　1/3束
玉ねぎ　1/4個
ベーコン（厚切り）　2枚
コンテ・チーズ　80g
バター　4g
卵液
　卵　2個
　生クリーム　140cc
　牛乳　70cc
　ナツメグ　少々
　塩　小さじ1/4
　こしょう　少々
　薄力粉　小さじ1
バゲット（薄切り）　15枚

作り方
1．ほうれん草はサッと茹でて水にさらし、キッチンペーパーでしっかりと水気を取り3cmに切る。玉ねぎは薄切りにする。ベーコンは拍子木切りにする。
2．**卵液**を作る。生クリーム少々に薄力粉を溶き、よく混ざったら、残りの生クリーム、牛乳、卵、ナツメグ、塩、こしょうを加えて混ぜる。
3．フライパンにバターを入れ、玉ねぎ、ベーコンを炒め、玉ねぎがしんなりしたら、ほうれん草を加え軽く炒める。
4．器にバター（分量外）を薄く塗り、〈3〉と削ったコンテ・チーズを半量入れる。**卵液**を流し入れ、残りのコンテをのせる。
5．180℃に温めたオーブンで10分、160℃で12〜15分。卵がふんわりしてくるまで焼く。
6．カリカリに焼いたバゲットを〈5〉に添える。

[マリアージュ]
ソックリの公式
A.O.C.名 ● アルザス ピノ・グリ
Alsace Pinot Gris

卵と玉ねぎの「甘み」と、コンテ・チーズの「コク」が、ピノ・グリ由来の「甘み」や「コク」によく合います。ベーコンの塩味とワインの甘みが、クセになるあまじょっぱさです。

特徴 ● 豊かな香りからして、花梨、はちみつなど、ほのかな甘みを連想させる。実際に味わうと、適度な甘みとほどよい酸味があり、後味はキレがよい。
生産者 ● Domaine Sipp Mack
ドメーヌ・シップ・マック
品種 ● ピノ・グリ 100％
色・タイプ ● 白・辛口
生産地 ● アルザス
生産年 ● 2012
価格レベル ● ☆☆

[お料理について]
お手本 ● 〈キッシュのロレーヌ風〉
Quiche lorraine
キッシュ・ロレーヌ

N ● キッシュを家で作ろうにも、パイ生地を焼くのが難しい。そこで、具材だけ作って、カリカリに焼いたパンにのせてみました。玉ねぎはしっかり炒めて、ほうれん草も水気をなるべく取って、水っぽくならないようにします。チーズはグリュイエール・チーズでもいいのですが、コンテはコクもありフランスワインに合うと思います。
A ● アルザス地方に隣接するロレーヌ地方の郷土料理で、今では全フランス人の日常食になりました。現地のものは、塩が強く、ぎっしり、重め。奈美さんのレシピは、ふわっとやさしく、食べやすいです！

"アルザスの人たちって、
ほんとっによく食べる。
これくらいの鍋ならひとりでぺろり。
付け合わせに、
じゃがいもまで食べちゃったりも"
——杉山

白菜の古漬けと
塩豚のシュークルート風
[作り方は63ページ]

ALSACE-LORRAINE　アルザス-ロレーヌ地方

白菜の古漬けと塩豚のシュークルート風

お腹いっぱい！白菜漬けの酸味で食がすすむ

材料（3～4人分）

塩豚
- 豚肩ロース　500g
- 塩　10～12.5g
  （肉に対して2～2.5％）

玉ねぎ　1/2個
白菜漬け（古漬け）　300g
ベーコン（厚切り）　2枚
ソーセージ　4～6本
水　350cc
白ワイン　100cc
ローリエ　1枚
サラダ油　適宜

塩豚の作り方

豚肩ロースに塩をまぶしてポリ袋に入れ、空気を抜いて冷蔵庫に入れる。水気が出たらふきとってキッチンペーパーを巻いて2日以上冷蔵庫におく。チルドなら1週間くらいもつ。

作り方

1. 塩豚を水でサッと洗い、1.5cm厚に切る。鍋に塩豚、水、白ワイン、ローリエを入れ、火にかけ沸騰したらアクを取り、弱火で蓋をして30分煮る。
2. 玉ねぎは薄切りにする。白菜漬けは細切りにする。ベーコンは半分の長さに切る。
3. フライパンにサラダ油を熱し、玉ねぎを炒める。〈1〉の鍋に炒めた玉ねぎ、ベーコン、ソーセージ、白菜漬けを入れ、10～15分さらに煮る。お好みでクミンを加えてもよい。

［マリアージュ］
スパークの公式

A.O.C.名 ● アルザス・グラン・クリュ・ローザッカー リースリング
Alsace Grand Cru Rosacker Riesling

3種のお肉から出る強い「旨み」と、上級のワインならではの複雑な「酸味」、「ミネラル」、「ほどよい甘み」が調和し、相乗効果を生みます。後味は、白菜漬けとワインの「酸味」でサッパリ。

特徴 ● アカシア、白い花、エキゾチックなフルーツのピュアな香り。菩提樹の香りもほんのりと感じられる。フレッシュな酸味と豊富なミネラルが特徴。
生産者 ● Domaine Sipp Mack ドメーヌ・シップ・マック
品種 ● リースリング　100％
色・タイプ ● 白・辛口
生産地 ● アルザス
生産年 ● 2010
価格レベル ● ☆☆☆

［お料理について］
お手本 ●
〈豚肉の蒸し煮、醗酵キャベツ添え〉
Choucroute
シュークルート

A ● 醗酵したキャベツの漬け物と、それを使った料理をシュークルートと言い、ドイツにもほど近い、アルザスを代表する郷土料理のひとつです。ドイツでは同じような料理がザワークラウトと呼ばれています。それを白菜の古漬けで、こんなに本格的に再現してしまうなんて！

N ● 塩豚は茹でると煮汁もおいしくなる塩加減にしました。茹で豚は、コチュジャンをつけて、レタスで巻けば韓国風に。焼いて食べるなら、水につけてちょっと塩を抜くか、塩分を1.3～1.5％に。白菜漬けに酸味がなければ、お酢を大さじ1杯入れてください。茹でたじゃがいもを加えても合います。時間は多少かかりますが、作り方は簡単です。

JURA-SAVOIE　ジュラ-サヴォワ地方

鶏肉のヴァン・ジョーヌ煮

シェリー香がユニーク。贅沢なひと皿

材料（2〜3人分）
鶏ブツ切り　600g
漬け汁
- セロリ　1/2本
- 玉ねぎ　1/2個
- にんにく　1片
- ローリエ　1枚
- 白ワイン　300cc

エリンギ・まいたけ　各1パック
バター　10g
ヴァン・ジョーヌ（シェリー酒でも）100cc
生クリーム　大さじ2
塩　小さじ1/4
こしょう　少々
薄力粉　少々
サラダ油　大さじ1
水　150cc

作り方
1. 鶏ブツ切りと、**漬け汁**の材料（セロリ、玉ねぎ、にんにくの薄切りと、ローリエ、白ワイン）をポリ袋に入れ、一晩漬け込む。
2. 〈**1**〉の鶏肉と野菜を取り出す。**漬け汁**はとっておく。鶏肉の水分をキッチンペーパーで軽く取り、薄力粉を薄くまぶす。熱した鍋にサラダ油をひき、鶏肉を入れて焼く。焼き色がついたら、鍋の端によせ、ポリ袋から出しておいた野菜を入れてしんなりするまで炒める。
3. 〈**2**〉に**漬け汁**と水、塩を加えて弱火で20分煮る。
4. エリンギとまいたけは一口大に切る。フライパンにバターを熱して炒め、〈**3**〉に加える。ヴァン・ジョーヌも入れ、水分が少なくなるまで煮る。
5. 仕上げに生クリームを加え、こしょうで味をととのえる。

[マリアージュ]
ソックリの公式
A.O.C.名 ● レトワール
L'Étoile

日本では値がはるヴァン・ジョーヌですが、できれば少し使って、そして合わせてみてください。同じジュラ特産のチーズ、コンテとの相性もバッチリ。ぜひ、お試しください。

特徴 ● ナッツの風味や華やかなシェリー香が特徴的。ミネラル豊かで後味の酸味がきれい。とても深い味わい。
生産者 ● Domaine Philippe Vandelle　ドメーヌ・フィリップ・ヴァンデル
品種 ● サヴァニャン　100％
色・タイプ ● 白・辛口
生産地 ● ジュラ
生産年 ● 2009
価格レベル ● ☆☆☆☆

[お料理について]
お手本 ● 〈雄鶏のヴァン・ジョーヌ煮〉
Coq au vin jaune
コック・オー・ヴァン・ジョーヌ

A ● ヴァン・ジョーヌはジュラ特産のワインの一種。ワインにはそれぞれ国が定める熟成期間がありますが、これがフランス最長で、なんと最低6年間！熟成後の色合いから「黄ワイン」と呼ばれます。ヴァン・ジョーヌ煮は、現地では日常的な料理ですが、奈美さんはとても上品にアレンジしています。
N ● 鶏の骨付きもも肉で作ってもいいのですが、手に入りやすいブツ切りにしました。全部ヴァン・ジョーヌを使って作るのも贅沢ですが、完成した料理に合わせて飲む分がなくなってしまうので、白ワインと組み合わせて作りました。

SUD-OUEST　南西地方

鶏のコンフィ風
本格的な'ねっとり'食感がおいしい

材料（2人分）
鶏手羽中　6本
塩　鶏肉の重さの1.3〜1.5％
にんにく　1片
こしょう　少々
オリーブオイル　大さじ3
サラダ油　適宜

作り方
1. 鶏手羽中は塩を擦り込んでポリ袋に入れ、薄切りにしたにんにく、こしょうを加え、空気を抜いて口をしばって一晩おく。
2. 鶏肉を〈1〉の袋から取り出し、軽く洗ってキッチンペーパーで水気を取り、別のポリ袋（耐熱性）に入れる。オリーブオイルを加えて空気を抜いて口をしばる。
3. 鍋に布巾を敷いて、〈2〉の袋が鍋肌につかないように気をつけながら入れ、ひたひたまで水を加えて落とし蓋をする。沸騰しないように極弱火にかけて70〜80℃の温度で30分煮る。
4. 〈3〉の袋から鶏手羽中を取り出し、キッチンペーパーで水気をしっかりと取る。フライパンにサラダ油をひき、皮目を下にして並べる。落とし蓋（木製ならアルミホイルを巻くのがおすすめ）を上からのせて弱火で10〜13分、こんがりと焼き色がつくまで焼き、ひっくり返してさらに2〜3分焼く（油がはねるので注意）。

[マリアージュ（93ページも参照）]
サッパリの公式
A.O.C.名 ● カオール
Cahors

コンフィした鶏のこってりとした味わいが、カオールのしっかりしたタンニンでキュッとひきしまり、次の一口がすすんでしまいます。

特徴 ● 通称「ブラック・ワイン」と呼ばれ、黒く濃い色が特徴。スパイシーでよく熟したベリー系の香り。凝縮した果実味があり、ジューシー。タンニンはしっかりしているが、舌触りは意外と滑らか。
生産者 ● Château Haut-Monplaisir
シャトー・オー・モンプレジール
品種 ● マルベック 100％
色・タイプ ● 赤・辛口
生産地 ● 南西地方
生産年 ● 2012
価格レベル ● ☆

[お料理について]
お手本 ●〈鴨のコンフィ〉
Confit de canard
コンフィ・ド・カナール

A ● 南西地方に発した料理ですが、今ではフランス全土で大人気のメニューです。奈美さんのレシピは、しっかりマリネしているので、味わいがくっきりと鮮やかになっています。ねっとりとした食感は本場のコンフィそのもの。骨離れがよく食べやすいです。

N ● 本来油で煮るところを、ポリ袋を使った湯せんにしてみました。油も少なくてすみますし、温度の調整も楽です。そして、鴨ではなく鶏手羽中で、さらに手軽に。火をじっくり通してからパリパリに焼くと、ちゃんとコンフィの感じになります。鶏もも肉でもいいと思います。

PROVENCE-CORSE　プロヴァンス地方-コルス島

マグロのたたきサラダ

ピーマンがさわやかなアクセント。夏に食べたいサラダ

材料（3〜4人分）

マグロの赤身（刺身用）　1さく
マグロの下ごしらえ用
　塩　少々
　こしょう　少々
　オリーブオイル　適宜
じゃがいも　1個
レタス　1/3玉
トマト　1個
きゅうり　1本
玉ねぎ　1/6個
ピーマン　1個
パプリカ　1/3個
ブラックオリーブ（種なし）　10粒
アンチョビ　3枚
にんにく　1片
ワインビネガー　大さじ1
塩　小さじ1/3
こしょう　少々
オリーブオイル　大さじ3

作り方

1．じゃがいもは2cm角に切って茹でる。レタスは3cm角に切る。トマトは大きめの角切りにする。きゅうりは縦半分に切り1.5cm幅に切る。玉ねぎは薄切りにする。ピーマン、パプリカは8mm幅のスライスにする。ブラックオリーブは輪切りにする。アンチョビは細かく切る。

2．マグロは塩、こしょうをし、オリーブオイルを熱したフライパンで表面をサッと焼いて5mmの薄さに切る。

3．にんにくを半分に切り、切り口をボウルにこすりつける。アンチョビ、オリーブオイル、塩を入れて混ぜ、〈1〉を加え手で和える。さらに〈2〉のマグロ、ワインビネガー、こしょうを加えて和える。

[マリアージュ]
スパークの公式

A.O.C.名 ● コート・ド・プロヴァンス・ロゼ
Côtes de Provence rosé

マグロの「旨み」とロゼの「果実味」が混じり合って、高め合います。ピーマン、きゅうりとワインの「さわやかさ」から「ソックリの公式」も見出せます。

特徴 ● 軽やかなロゼ。フランス人は、夏にこのようなタイプのロゼをビールがわりに飲んでいる。プロヴァンス人は季節を問わず、とにかくロゼ。
生産者 ● Château d'Esclans
シャトー・デクラン
品種 ● グルナッシュ主体、その他フランス南部の黒ブドウ品種
色・タイプ ● ロゼ・辛口
生産地 ● プロヴァンス
生産年 ● 2015
価格レベル ● ☆
備考 ● 生産者がWhispering Angel（ウィスパリング・エンジェル）と名付けたワイン

[お料理について]
お手本 ●〈ニース風サラダ〉
Salade niçoise
サラダ・ニソワーズ

N ● 一般的にはオリーブオイル漬けのツナを使いますが、ずいぶん前、フランスで初めて食べたのは、こんなふうにマグロをレアに焼いていました。茹で卵や、ハーブを加えてもよいです。
A ● 生の青ピーマンがよいアクセントになっています。サラダ・ニソワーズは南仏発祥ですが、もはや、フランス全土のカフェの定番メニューです。サラダ・ニソワーズ保存会という団体もあり、曰く、正統の具材は、「ツナ、アンチョビ、茹で卵、トマト、スプリング・オニオン、ニース産黒オリーブ、バジル」の7種類のみ。

あっさりブイヤベース
[作り方は73ページ]

"今まで食べたことがない
ブイヤベースです"

PROVENCE-CORSE　プロヴァンス地方-コルス島

あっさりブイヤベース
昆布だしがポイント。潮汁のような親しみ

材料（4人分）

- 有頭エビ 5～6尾
- タラ* 1切れ
- 穴子（生の開き）* 1尾
- 魚のアラ* 適宜
- ヤリイカ 1杯
- ムール貝 10粒
- 玉ねぎ 1個
- にんにく 1片
- トマト 1個
- トマトピューレ 大さじ3
- はちみつ 小さじ1/2
- サフラン 1つまみ
- 昆布だし 900cc
- ローリエ 1枚
- 鷹の爪 1本
- 白ワイン 100cc
- 塩 小さじ1/2
- 白こしょう 少々
- 薄力粉 適宜
- オリーブオイル 適宜

ルイユソース
- 卵黄 1個
- オリーブオイル 60cc
- にんにく（すりおろし） 1/2片
- チリペッパー 少々
- 塩 小さじ1/4

*あわせて300～400gが目安。鯛、スズキ、あんこう、などの白身魚がよい。

作り方

1. **ルイユソース**を作る。卵黄をボウルに入れ、オリーブオイルを少量ずつ分離しないように混ぜながら入れ、にんにく、チリペッパー、塩を加え、なめらかなペースト状にする。
2. 有頭エビは殻をむいて背ワタを取る。タラは半分に切る。穴子と魚のアラは食べやすい大きさに切る。それぞれに薄く薄力粉をまぶす。内臓をとったヤリイカは輪切りにする。玉ねぎは半分に切り、繊維を断ち切るようにスライスする。にんにくは薄切りにする。トマトは角切りにする。
3. 鍋にオリーブオイル、玉ねぎ、塩ひとつまみ（分量外）を加え、強火で炒める。水分がとんだら中火にしてはちみつを加え、うっすら茶色になるまで炒める。
4. トマト、トマトピューレ、サフランを加えてさらに炒め、昆布だし、ローリエを加える。
5. フライパンににんにく、オリーブオイル、鷹の爪を入れて熱し、香りがたったらエビを加えて表面を焼き（頭のみそが出てくるくらい）、タラ、穴子、魚のアラも入れて焼き色をつけ、白ワインを加えて一煮立ちしたら、下処理したムール貝とイカとともに〈4〉に加えて煮る。
6. 具に火が通ったら、塩、白こしょうで味をととのえる。お好みで〈1〉のルイユソースをつけていただく。

[マリアージュ] スパークの公式

A.O.C.名・カシー
Cassis

昆布だしと魚介の「旨み」とワインの「果実味」が混ざって高め合います。トマトと色つながりでロゼを合わせるのも定番。飲むワインを迷ったら、食材や料理に通じる色で選ぶのはソムリエのセオリーです。

特徴 ● 白い花や柑橘系の香り、果実味がしっかりと感じられ、ふくよかで厚みのあるボディ。磯っぽいミネラルの味わいが余韻に感じられる。魚介類全般に合わせやすい。
生産者 ● Clos Sainte Magdeleine クロ・サント・マグドレーヌ
品種 ● マルサンヌ、ユニ・ブラン、その他フランス南部の白ブドウ品種
色・タイプ ● 白・辛口
生産地 ● プロヴァンス
生産年 ● 2013　**価格レベル** ● ☆☆☆
備考 ● Bel-Arme（ベラルム）と呼ばれる上級ラインのワイン

[お料理について]
お手本・〈魚介のトマト風スープ〉
Bouillabaisse
ブイヤベース

N ● じっくり炒めた玉ねぎからのコクや甘みがポイント。魚介は煮過ぎないようにしてください。ルイユソースをバゲットにつけて、シュレッドチーズをのせて焼き、熱いスープにひたして食べてもおいしいです。ルイユソースにケチャップ（大さじ1/2）を入れてもよいです。まろやかになります。

A ● 発祥地の地中海沿いの街・マルセイユには「ブイヤベース憲章」があって、具材が決められているとか。奈美さんのレシピは、昆布だしと魚の旨みで、まるで潮汁のよう！ 今まで食べたことがないブイヤベースです。ルイユも奈美さんならではのレシピ。にんにくが控えめで、やさしい味わいです。〆はご飯を入れて、ぜひおじやに！

LANGUEDOC-ROUSSILLON　ラングドック-ルーション地方

タラのポテトサラダ

タラとじゃがいもが好相性。ワインにぴったりのポテサラ

材料（3〜4人分）

タラ　3切れ
塩（タラの下味用）　小さじ1
卵　2個
タイム（生）　2枝
じゃがいも　3個
にんにく　2片
イタリアンパセリ（粗みじん切り）　適宜
生クリーム　大さじ3〜4
塩　小さじ1/2〜2/3
こしょう　少々
オリーブオイル　大さじ1〜2

作り方

1．沸騰した湯に、常温の卵を入れて10分茹で、水に取り、殻をむいて8等分に切る。
2．タラに塩をふり、20分おく。小鍋に湯を沸かし、タイムを加え、タラを茹でる。火が通ったらざるに上げ、皮と骨を取り、身をほぐす。
3．じゃがいもは皮をむき4等分に切る。水を入れた鍋にじゃがいも、にんにくを加えて火にかけ、柔らかくなるまで茹でる。
4．〈3〉の湯を切り、再び火にかける。水分がとんだら、火を消し、なめらかになるまでつぶす。〈2〉のタラ、生クリーム、オリーブオイル、塩、こしょうを加えて混ぜる。
5．〈4〉を器に盛り、茹で卵とイタリアンパセリをのせ、オリーブオイル（分量外）を回しかける。

[マリアージュ]
サッパリの公式

A.O.C.名 ● クレマン・ド・リムー
Crémant de Limoux

じゃがいものホクホク感はおいしいですが、ときにもったりしなくもない。それがワインの泡でサッパリと流れます。タラの塩気も一緒にリセット。次の一口がすすみます。

――

特徴 ● グレープフルーツ、熟したアプリコット、はちみつのような香り。味わいには、生き生きとした酸味があり、泡はクリーミー。長期熟成により旨みと複雑さが引き出されている。
生産者 ● Hecht & Bannier
エシュトゥ・エ・バニエ
品種 ● シャルドネ主体
色・タイプ ● 白・辛口・泡
生産地 ● ラングドック
（カルカッソンヌ周辺）
生産年 ● 2010
価格レベル ● ☆☆
備考 ● Brut Réserve
（残糖12g/L以下、長期熟成を示す）と表記されたワイン

[お料理について]
お手本 ●〈干しダラのペースト〉
Brandade
ブランダード

A ● ブランダードは、日本でいう干ダラをもどしてペースト状にした、珍味、お酒のアテ、という感じの料理です。これを奈美さんは、お酒との相性はそのままに、サラダのように仕立てています。これなら、日本の食卓になじみますね。

N ● パリのビストロでは、塩気の効いたタラとじゃがいもをつぶして混ぜたものを焼き皿に入れて、細かいパン粉をかけ、オーブンで香ばしく焼いていました。このレシピは、あらかじめ味のついた「塩ダラ」でも作れます。また、タラとじゃがいもに、さらに茹でたビーツも加えて塩とマヨネーズで味付けしたものを、わたしはロシア風ポテトサラダと呼んでいます。

"野菜がじっくり蒸し煮されて、
肉の旨みや脂と相まって
おいしいソースになります"
——飯島

バスク風 豚の煮込み
[作り方は79ページ]

LANGUEDOC-ROUSSILLON　ラングドック-ルーション地方

バスク風 豚の煮込み

かかるのは時間だけ。よく煮えた野菜がソースになる

材料（2〜3人分）
豚肩ロース　450g
塩（豚肉の下味用）小さじ2/3
パプリカ　1個
玉ねぎ　1個
にんにく　1片
ナス　2本
トマト　1個
白ワイン　100cc
水　100cc
パプリカパウダー*　大さじ1/2
チリパウダー　小さじ1/4
塩　小さじ1/3
こしょう　少々
薄力粉　適宜
オリーブオイル　適宜
＊ 97ページ参照

作り方
1. 豚肩ロースに塩、こしょうをふり、薄力粉を薄くまぶす。パプリカは細切りにし、玉ねぎは縦半分に切り、繊維を断ち切るように薄切りにする。にんにくは薄切りにする。ナスは乱切りにし、水にさらす。トマトは角切りにする。

2. 鍋にオリーブオイルを熱し、〈1〉の豚肉を入れて表面に焼き色がつくまで焼き、取り出しておく。オリーブオイルを足し、にんにくを入れ香りがたったら、パプリカ、玉ねぎを炒め、水気を切ったナス、トマトを加えてサッと混ぜ、白ワインと水（野菜が半分浸るくらいに調整して入れる）、塩を加える。豚肉を野菜の上にのせて蓋をし、弱火で1〜1時間半蒸し煮にする。

3. 豚肉を取り出し、野菜の味を見て、薄ければ塩、こしょうで味をととのえ、パプリカパウダー、チリパウダー、オリーブオイルを加えて混ぜる。豚肉と一緒に器に盛る。

[マリアージュ（93ページも参照）]
ソックリの公式
A.O.C.名 ● シャトーヌフ・デュ・パプ
Châteauneuf-du-Pape

豚の脂と、抽出された「旨み」、野菜の「旨み」が渾然となったソースの「コク」と、ワインの「コク」が合う。ワインの持つスパイシーさも、よいアクセント。

特徴 ● 濃い果実やスパイシーな香りと同時に、ドライフラワーのニュアンスも感じられる。ブラックチェリーを凝縮したような味わいで、カカオなどの香ばしい余韻が残る。
生産者 ● Domaine de Saint-Paul
ドメーヌ・ド・サン・ポール
品種 ● グルナッシュ主体
色・タイプ ● 赤・辛口
生産地 ● ローヌ（南部）
生産年 ● 2006
価格レベル ● ☆☆☆☆

[お料理について]
お手本 ● 〈バスク風肉の煮込み〉
Sauté de porc à la basquaise
ソテー・ド・ポーク・ア・ラ・バスケーズ
〈肉と白いんげん豆の土鍋煮込み〉
Cassoulet
カスレ

N ● 野菜がじっくり蒸し煮されて、肉の旨みや脂と相まっておいしいソースに。野菜の甘みが、パプリカパウダーとチリパウダーで引き締まります。ちなみにバスクは唐辛子の名産地です。
A ● フランス南部を旅すれば、ソテー・ド・ポーク・ア・ラ・バスケーズやカスレだけでなく、名前もないような煮込み料理にたくさん出会います。どっしりとしていて、それもおいしいですが、奈美さんのレシピの繊細さもまたいい。どんどん食べられて、どんどん飲めてしまうので困ってしまいます（笑）。

アスパラガス
ソース・ムスリーヌ
［作り方は42ページ］

バスク風 豚の煮込み
［作り方は79ページ］

招いた側も一緒に楽しめる、おうちパーティメニュー

「かますのリエット」は前日に作っておきます。「アスパラガス ソース・ムスリーヌ」は、お客さんが来てから仕上げて、「バスク風 豚の煮込み」を煮込み始めます。できあがるまで、およそ1時間、招いた側も、食事もワインもおしゃべりもゆっくり楽しめます（ワインは47ページのサンセールと、79ページのシャトーヌフ・デュ・パプ）。「豚肉のリエット（46ページ）」と、「卵の赤ワイン煮（28ページ）」、そして「タルタル風牛肉のたたき（30ページ）」の献立でもよいです。たたきを休ませている時間は、キッチンに立たずにすみます。(N)

かますのリエット
［作り方は47ページ］

PARTOUT EN FRANCE　フランス全土

ナーミン揚げ

ホタテ、しいたけ、豚バラ肉、ジューシーな旨みの三重奏

材料（3〜4人分）
しいたけ　5枚
ホタテ（生）　2個
豚バラ肉スライス　12枚
柚子の皮（せん切り）　適宜
薄力粉　適宜
卵　1個
パン粉（細目）　適宜
塩・こしょう　少々
サラダ油　適宜

ソース
　だし汁　大さじ3
　中濃ソース　大さじ4
レモン　適宜
フレンチマスタード　適宜

作り方
1．しいたけは薄く2〜3mmにスライスする。ホタテは半分の厚さに切ってから3つに切る。
2．豚バラ肉スライスを縦長に置き、手前に、しいたけ、ホタテの順に重ねてのせて、奥へくるくると巻く。巻き終わったら軽くキュッと握り全体を密着させて形をととのえる。同様に柚子の皮が入ったものも作る。
3．〈2〉に塩、こしょうをふり、薄力粉、溶いた卵、パン粉の順につける。
4．160〜165℃に熱したサラダ油で4〜5分揚げる。キッチンペーパーを敷いたバットに取り、油をしっかりと切る。10秒ほどたったら、揚げ網に重ならないようにのせる。
5．だし汁と中濃ソースを混ぜた**ソース**か、レモンと塩をかけながら食べる。フレンチマスタードをつけてもよい。

豚肉が具に螺旋に巻きつくように（包み込むイメージ）。

薄力粉と卵をつけるときは竹串で転がし、パン粉だけ手でつけると楽です。

[マリアージュ]
サッパリの公式
A.O.C.名●クレマン・ダルザス
Crémant d'Alsace

油分が、ワインの泡でシュワッと流れます。驚くほどジューシーな「旨み」とワインの「果実味」が一体化する「スパークの公式」のおいしさも。

特徴●柑橘のフレッシュな香りと果実味豊かな味わい。泡はピチピチとして、かつクリーミな口当たり。
生産者●Domaine Sipp Mack
ドメーヌ・シップ・マック
品種●ピノ・ブラン主体、シャルドネ、ピノ・ノワール
色・タイプ●白・辛口・泡
生産地●アルザス
生産年●NV
価格レベル●☆☆☆

[お料理について]
お手本●〈クロケット〉
Croquette
クロケット

A●フランス人は、ほんとうに揚げ物が大好き。最近では「唐揚げ」という日本語が普通に使われているぐらいです。Nami's Dinner（103ページ参照）に参加したすべてのお客さんに「今まで食べたクロケットでNo.1だった！」と言われました。奈美さんのスペシャリテだから、愛称をとって「ナーミン」揚げ。一口嚙むと、ホタテ、しいたけ、豚バラ肉の旨みが口中に広がり、まさに旨みの三重奏。わたしの好きな食べ方は、前半は塩レモン、後半はだしソース、最後はさらにマスタード。一度で三度楽しめます。
N●フランスからワイン生産者の方が来日して、明日香さんの家で宴会することがありますが、そんなときにも大好評。柚子の皮だけじゃなく、山椒も合います。

PARTOUT EN FRANCE フランス全土

グジョネット

2種のソースで、味の変化が楽しい魚のフライ

材料（3〜4人分）
タラ 3切れ
薄力粉 適宜
卵 1個
パン粉（細目） 適宜
塩・白こしょう 少々
サラダ油 適宜

サルサ風トマトソース
- トマト（みじん切り） 大さじ4
- 紫玉ねぎ（7mm角みじん切り） 大さじ3
- パセリ（みじん切り） 大さじ1
- ケッパー（みじん切り） 小さじ1
- アンチョビ（みじん切り） 小さじ1
- 塩 小さじ1/3
- 白こしょう 少々
- オリーブオイル 小さじ1

タルタルソース
- ピクルス（みじん切り） 大さじ2
- 紫玉ねぎ（みじん切り） 大さじ2
- パセリ（みじん切り） 大さじ2
- ケッパー（みじん切り） 大さじ1
- マヨネーズ 大さじ4
- 牛乳 大さじ2
- フレンチマスタード 小さじ1〜2
- レモン汁・塩・白こしょう 少々

作り方
1．サルサ風トマトソースとタルタルソースの材料はそれぞれすべて混ぜ合わせる。
2．タラは食べやすい大きさに切り、塩、白こしょうをふる。薄力粉、溶いた卵、パン粉の順に衣をつける。
3．160〜165℃に熱したサラダ油で3〜4分揚げる。キッチンペーパーを敷いたバットに取り、油をしっかりと切る。10秒ほどたったら、揚げ網に重ならないようにのせる。
4．フライを器に盛り、サルサ風トマトソースかタルタルソースをつけながらいただく。

[マリアージュ（サルサ風トマトソースで／93ページも参照）]

スパークの公式

A.O.C.名 ● タヴェル

Tavel

ソースの豊富な具材が織りなす「塩味」、「酸味」、「旨み」と、ワインの「果実味」が一体となります。ソースのルビーのような色は、まさにタヴェル・ロゼに独特の濃いロゼ色です。

特徴 ● 熟した赤系の果物の香り。味わいに豊かな果実味があり、ロゼの中ではかなりしっかりとした骨格がある。
生産者 ● Famille Perrin ファミーユ・ペラン
品種 ● グルナッシュ主体
色・タイプ ● ロゼ・辛口
生産地 ● ローヌ（南部）
生産年 ● 2014
価格レベル ● ☆☆

[お料理について]
お手本 ●〈魚のフライ〉
Goujonnettes
グジョネット

N ● トマトのソースは、クセになる味です。タルタルは、とってもサラッとしていて、食べやすいと思います。タラ以外に、アジやサバ、エビでもいいですし、鶏むね肉にも合います。

A ● 魚を細切りにした、スティック状のフライはもともと南仏発祥ですが、今では郷土料理というより、フランスで一般的な料理になっています。グージョンという小魚に形を見立てていて、料理名の由来もそこからです。

PARTOUT EN FRANCE フランス全土

トマトの肉詰め
口中に広がる、トマトの果汁とひき肉の旨み

材料（4人分）
トマト 4個
豚ひき肉（脂少なめ） 250g
玉ねぎ（みじん切り） 1/4個
にんにく（みじん切り） 1片
バター 10g
タイム（乾燥） 適宜
コンテ・チーズ（パルメザン・チーズでも）
　適宜
砂糖 小さじ1/2
塩 適宜
こしょう 少々
薄力粉 大さじ1/2

作り方
1. トマトのヘタを切りおとす（蓋にするのでとっておく）。スプーンで型崩れしない程度に中身をくりぬき、内側に塩少々をふり、キッチンペーパーを詰めて逆さにしておく。トマトの中身はみじん切りにする。

2. トマトの中身を小鍋に入れ5分ほど強めの弱火で加熱して、砂糖、塩少々を加える。

3. フライパンで豚ひき肉を炒め、脂が多ければキッチンペーパーで少し吸い取り*、バター、玉ねぎ、にんにく、薄力粉を加えて炒め、タイム、塩小さじ2/3〜1弱、こしょう、〈2〉のトマトソース大さじ2を入れて炒め合わせる。

4. 〈1〉のトマトに〈3〉の具を詰めて（ぎゅうぎゅうに詰めて割ってしまわないように注意）、ヘタの蓋をのせ180℃に温めたオーブンで15〜20分焼く。

5. 皿に残りのトマトソースをひき、コンテ・チーズをすりおろしてかけ、〈4〉をのせる。

＊ひき肉の脂が多く、たくさん吸い取ったときは塩は少なめにする。

[マリアージュ]
ソックリの公式
A.O.C.名 ● マルサネ・ロゼ
Marsannay rosé

トマトの「酸味」とワインのしっかりとした「酸味」がぴったり。トマトとワインの色も似たところがあり、「色合わせ」も。

特徴 ● ピノ・ノワール由来の、赤いベリー系の香りと酸味がしっかりと感じられる。チェリーのような果実味を持ち、少しスパイシーな味わい。
生産者 ● Domaine Jean Fournier
ドメーヌ・ジャン・フルニエ
品種 ● ピノ・ノワール 100%
色・タイプ ● ロゼ・辛口
生産地 ● ブルゴーニュ
（コート・ド・ニュイ地区）
生産年 ● 2015
価格レベル ● ☆☆

[お料理について]
お手本●〈トマトのファルシ〉
Tomates farcies
トマト・ファルシ

A ● フランス人の友人や生産者の自宅に招待されると、よく出てくるのがトマトのファルシです。大人も子供も大好きで、どこの家庭にもママの味があります。でも、わたしは奈美さんのがNo.1でした！

N ● レシピに書いたより長めに焼いて、今にも崩れそうなくらいに仕上げてもおいしいです。ズッキーニやにんじんなど、彩りのいい野菜をトマトの隙間で一緒に焼いて、付け合わせにするのもおすすめ。その場合、野菜はあらかじめフライパンでさっと表面を焼いてください。

PARTOUT EN FRANCE　フランス全土

ドライフルーツとサワークリームの アミューズ・ブッシュ

食欲に火をつける酸味

材料（作りやすい分量）
ドライあんず、ドライプルーン（種無し）、
　ドライいちじく　3種合わせて180g
ソーテルヌ（貴腐ワイン）　大さじ3〜4
サワークリーム　180g
バゲット　適宜

作り方
1．ドライあんず、ドライプルーン、ドライいちじくはソーテルヌに1時間ほど漬け込み、7mm程度に刻む。
2．サワークリームをかき混ぜ、少しなめらかになったら、ドライあんず、ドライプルーン、ドライいちじくを加え軽く全体を混ぜる。
3．バゲットに〈2〉を塗りいただく。

[マリアージュ]
ソックリの公式
A.O.C.名●シャンパーニュ
Champagne

サワークリームの「酸味」とワインの「酸味」、あるいはドライフルーツとワインそれぞれの「果実味」、2組の「ソックリ」の要素が食欲を刺激します。

特徴●シャルドネならではのフレッシュさ、デリケートさ。白い花や酵母の香りがある。泡立ちはきめ細かい。アペリティフに最適。
生産者●Pernet & Pernet
ペルネ・エ・ペルネ
品種●シャルドネ 100％
色・タイプ●白・辛口・泡
生産地●シャンパーニュ
（コート・デ・ブラン地区）
生産年●NV
価格レベル●★☆☆☆

[お料理について]
お手本●〈小前菜〉
Amuse-Bouche
アミューズ・ブッシュ

A●コース料理で、前菜の前に出されるのがアミューズ・ブッシュです。肉や魚の、一口で食べられるちょっとした料理がふつう。でも、奈美さんがNami's Dinner（103ページ参照）で出したのはコレでした。デザートっぽい雰囲気ですが、酸味があって、食欲を刺激します。フランス人にも新鮮だったようで、おかわりした人までいました。
N●急いでいるなら、ドライフルーツをソーテルヌに漬けなくてもよいです。仕上げに、ラム酒やブランデー、柚子果汁を加えても。冬場は、あんずを干し柿にかえてもおいしいです。食パンに塗って、サンドウィッチにするのもおすすめ。

"昼からワイン！
という休日のランチにも"
——飯島

スモークサーモンと
具だくさんサワークリーム
［作り方は92ページ］

PARTOUT EN FRANCE　フランス全土

スモークサーモンと具だくさんサワークリーム

思い切った盛り付けがおすすめ。簡単だけど目を引く一品

材料（3〜4人分）
スモークサーモン　100g
柚子の皮　少々
ディル（みじん切り）　少々
オリーブオイル　適宜
具だくさんサワークリーム
- サワークリーム　大さじ4
- 生クリーム　大さじ1
- 玉ねぎ（みじん切り）　大さじ1
- ケッパー（みじん切り）　大さじ1/2
- ディル（みじん切り）　小さじ1
- 塩・白こしょう　少々

作り方
1. 具だくさんサワークリームの材料をすべて混ぜ合わせて、皿にのせる。おろした柚子の皮、ディルを散らす。
2. 〈1〉にスモークサーモンを添えるように並べ、オリーブオイルをかける。

[マリアージュ]
ソックリの公式
A.O.C.名 ● クレマン・ダルザス・ロゼ
Crémant d'Alsace rosé

サワークリームとワインの「酸味」がぴったり。スモーク香や、柚子、ディルの香りが、ワインの泡とともに、鼻に抜けていくのが心地よいです。サーモンとロゼの色にも注目。

特徴 ● ピノ・ノワール特有のラズベリーやカシスといった小さな赤いベリー系の果実の香りがきれいに入っている。泡がきめ細かく、全体的にやさしい味わい。
生産者 ● Domaine Sipp Mack
ドメーヌ・シップ・マック
品種 ● ピノ・ノワール 100%
色・タイプ ● ロゼ・辛口・泡
生産地 ● アルザス
生産年 ● NV
価格レベル ● ☆☆☆

[お料理について]
お手本 ●〈サーモン・マリネ〉
Saumon mariné
ソーモン・マリネ

A ● フランス人はサーモンも大好き。グリルでも、お刺身でも、お寿司でも（ホタテと並ぶ大人気のネタ）。スモークサーモンにサワークリームを合わせるのは一般的ですが、奈美さんは、フランスで最近大人気の「柚子（仏語でもYUZU）」をプラス。フランス人も大好きになるに違いありません。
N ● 来客のあるときにおすすめ。簡単なのに、盛り付けをちょっと大胆にすると目を引く前菜になります。昼からワイン！という休日のランチにもいいでしょう。サワークリームのかわりにキッチンペーパーで一晩水を切った無糖ヨーグルトでもよいです。柚子以外に、オレンジの皮、レモンの皮、ピンクペッパーも合います。

こんなワインも合う

これまではレシピひとつにつきワインを1種類ずつ紹介してきましたが、もちろん他にも合うワインがあります。各ページのワインの特徴や、マリアージュの公式を参考に、みなさんもワインを選んで試してみてください。下はその一例です。ワインによって、マリアージュの公式が変わったり、同じ料理でも、ソースを変えると違うワインが合うようになったり……。マリアージュはほんとうに奥が深いです。

[53ページ] レバーソテー（白ワインソース）に合わせたいワイン

[マリアージュ] **サッパリの公式**

A.O.C.名 ● コート・デュ・ローヌ
Côtes du Rhône

レバーソテーがよく食べられているリヨンにほど近い地域のワインなら、ぴったり。53ページの赤と同様、繊細ながらもクセのあるレバーを邪魔しない味わい。ほどよくしっかりした味わいで、後味もいいです。

特徴 ● アカシアなど白い花、桃やアプリコットなどの少しトロピカルな香り。酸味は生き生きとフレッシュ、果実味は豊かでコクがある。
生産者 ● E. Guigal イー・ギガル
品種 ● ヴィオニエ（主体）、その他ローヌの白ブドウ品種
色・タイプ ● 白・辛口
生産地 ● ローヌ
生産年 ● 2014
価格レベル ● ☆

[67ページ] 鶏のコンフィ風に合わせたいワイン

[マリアージュ] **ソックリの公式**

A.O.C.名 ● アルザス リースリング
Alsace Riesling

マルク・テンペのリースリングの持ち味は、完熟したブドウからのねっとりとした「甘み」です。コンフィの食感やじわりと口に広がる脂の「甘み」に通じます。切れ味のよい「酸味」もあるので後味は「サッパリ」。

特徴 ● 白い花、はちみつなどの甘い香り。酸味もあるが、豊かな味わいでコクがある。生産者のマルク・テンペは、本格的なビオディナミ農法を実践している。
生産者 ● Marc Tempé マルク・テンペ
品種 ● リースリング 100％
色・タイプ ● 白・辛口
生産地 ● アルザス
生産年 ● 2014
価格レベル ● ☆

[79ページ] バスク風 豚の煮込みに合わせたいワイン

[マリアージュ] **サッパリの公式**

A.O.C.名 ● リムー
Limoux

あえてキンキンに冷やしたワインで、豚の脂や、コクを「サッパリ」させながら食べ進むのもいいです。軽すぎると料理に負けますから、ボリュームのあるこんなタイプの白ワインを選びましょう。

特徴 ● よく熟した南国系果実のふくよかな香りと樽の香り。味わいは、濃厚な果実味の中に酸味を感じ、涼やかさがある。
生産者 ● Château d'Antugnac シャトー・ダントニャック
品種 ● シャルドネ 100％
色・タイプ ● 白・辛口
生産地 ● ラングドック（カルカッソンヌ周辺）
生産年 ● 2014
価格レベル ● ☆☆
備考 ● 生産者が Las Gravas（ラス・グラヴァス）と名付けているワイン

[84ページ] グジョネット（タルタルソース）に合わせたいワイン

[マリアージュ] **ソックリの公式**

ヴァン・ド・ペイ・ドック・ヴィオニエ
Vin de Pays* d'Oc Viognier

タルタルソースの「コク」とワインの「コク」の相性を楽しんでいると、後からほどよいワインの「酸味」がやってきて、サッパリと口の中を仕上げてくれます。

＊ A.O.C.下位の日常ワインのランク

特徴 ● トロピカルフルーツや白い花のようなフローラルな香りだが、味わいはドライでサッパリ。フルーツを使った料理やクリーミーな料理などを中心に食事にも合わせやすい。
生産者 ● Delas Frères ドゥラス・フレール
品種 ● ヴィオニエ
色・タイプ ● 白・辛口
生産地 ● ラングドック
生産年 ● 2015
価格レベル ● ☆

杉山さん、飯島さんが一緒に訪れたブルゴーニュ地方のマコネ地区。ブドウ畑を一望できる丘の上に、ドメーヌ・コルディエ（22ページ）がある。

調味料について

こしょう
基本的に、「白」は魚で、「黒」は肉、あるいはこしょうの風味を効かせたいときに使っています。

料理に使うワイン
料理専用のものではなく、飲んでもおいしいものがいいです。

オリーブオイル
エキストラヴァージンを。高価なものはサラダに、安めのものは炒めたりするときに使ってください。

加熱用のチーズ
わたしは、コンテ・チーズを使いました。でも、お好みのものでかまいません。

チキンスープ
時間があれば、鶏ガラをきれいに洗って煮出して用意してください。水炊きに使うような骨付きもも肉のブツ切りを水から煮てもいいです。お肉がついていると、早く味が出ます。急いでいるなら、鶏むねひき肉100gに水600ccを少しずつ加えて混ぜて、沸騰させてから漉してください。顆粒の鶏ガラスープでもかまいませんが、塩分があるので、他の工程で塩を控えてください。

ケッパー
塩漬けでなく、酢漬けを使っています。この本のレシピ以外でも、お酢のかわりに使ってみてください。とたんにフランス風の味付けになります。

ナツメグ
わたしはミルで挽いて使っています。この本のレシピ以外では、ホワイトソースに入れたり、ほうれん草のバターソテーに生クリームと一緒に入れてもいいです。手軽に異国の風味を出すことができます。

パプリカパウダー
真っ赤ですが、辛くはありません。彩りがよいだけでなく、かつおぶしのような旨みがあるようです。スペイン人からにんにくのスープを習ったときに、教えてもらった調味料です。

これが、A.O.C.名です。本書のワインと同じA.O.C.名のワインなら似たような味わいを楽しめます。

A.O.C.名について

エチケットからわかること

ワインのラベルを「エチケット」と呼びます。美しいカリグラフィーで何か書いてあったり、一見ワインに無関係に見える現代アートのような絵が描かれていたり、眺めているだけで楽しいです。

でも、書いてある文字をつぶさに読んでみたことがある人は、意外に少ないのではないでしょうか？ 実は、エチケットには、そのワインの情報がたっぷり書かれているのです。なかでも、重要なのが、「Appellation～」とか「A.C.～」とか書いてある部分です（A.O.C.名）。これは、生産者が勝手に書くことはできません。ブドウの品種、産地、ワインの造り方、味……などについて国の機関が設けた厳しいルールを守ったワインだけが、記すことを許されます。つまり、国お墨付きのワイン、というわけです。

例えば「シャンパーニュ」。発泡しているワインなら「シャンパーニュ」を名乗れるわけではありません。産地が必ずシャンパーニュ地方であるのはもちろんのこと、決められたルールに沿った造り方をしなければなりません。

A.O.C.名を書いていないワインが、おいしくない、というわけではありません。日常的に飲むには、充分においしいものがたくさんあります。ルールに従うのが面倒という生産者さんだっているでしょう。

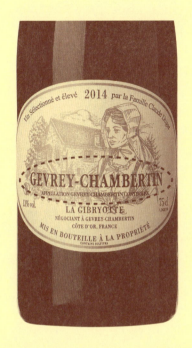  

"同じA.O.C.名のワインなら、
生産者が違っても、ある程度は同じような品質で、
似た味わいがするはずです"

安心なワインの選び方

「Appellation〜」や「A.C.〜」を「A.O.C.名」と言います（ルールのことは「A.O.C.制度」と言います）。ちょっと難しいかもしれません……。でも、すごく便利なので、ここを読むのを習慣づけることを、おすすめします。A.O.C.制度はとてもルールが厳しいので、同じA.O.C.名のワインなら、生産者が違っても、ある程度は同じような品質で、似た味わいがするはずです。この本に載っているのとまったく同じワインを用意するのは難しいかもしれませんが、同じA.O.C.名のワインを用意するのは、ずっと簡単です。ワインショップで、A.O.C.名を伝えてみてください。ウェブで検索するのもいいです。たちどころに、飲みたいワインに辿りつくことができます。また、気に入ったワインがあったらA.O.C.名を覚えておいてください。レストランでも、好みのワインをオーダーしやすくなります。世界各国でワインは造られていますが、特にフランスやイタリアはこうしたルールが厳しく、仔細に定められています。これを足がかりに、ワインを体系的に勉強することもできます。興味を持たれた方はソムリエ資格試験用の参考書などを覗いてみるのもいいかもしれません。

万能ワインについて

　奈美さんの料理と合わせて、いろいろなワインを楽しんでほしいのですが、一度に何本も用意するのは大変かもしれません。そこで、本書の料理にはもちろん、さまざまな家庭料理に合う、「万能選手」ともいうべきワインをここで紹介します。1本で、幅広い献立に対応でき、「おうちワイン」として常備するのにおすすめです。

1.
リースリング種の辛口ワイン

おすすめの産地●アルザス地方、ドイツ、オーストラリア
おすすめの料理●ポテトサラダ、肉じゃが、ゴマだれのサラダやしゃぶしゃぶ、唐揚げ（塩・梅酢）、チーズチキンカツ、チーズをかけて焼いたじゃがいも、ピザ、フォンデュ

———

　素材の味を活かした、やさしい塩味の料理をよく引き立てます。代表産地であるアルザスにそんな素朴な郷土料理が多いからでしょうか。じゃがいもや、溶かしたチーズによく合うのも、地域の食文化を反映しています。しなやかな酸とほのかな甘みが、さっぱりとした料理にはコクを、こってりとした料理には口当たりの軽やかさを与えてくれる、懐の深いワインです。
　リースリングのワインの中には、**ペトロール香**という独特な香りを持つものがあります。日本語で言うと**重油香**。ガソリンスタンドのような、焼けたゴムのような香りです。奇異に感じるかもしれませんが、これがクセになります。わたしも大好きです。

2.
樽の香りのない（ステンレス醸造の）ソーヴィニョン・ブラン種のワイン

おすすめの産地●ロワール地方、ニュージーランドなど
おすすめの料理●魚のカルパッチョ（+ハーブや香味野菜）、エビなどの魚介のサラダ、あさりの白ワイン蒸し、ちくわきゅうり、茹で枝豆、アスパラガス、グレープフルーツ入りサラダ

———

　ハーブや若葉のようなさわやかな香りと、グレープフルーツのような柑橘の香りが特徴のワインです。果実を頬張ったようなフレッシュさもあります。葉っぱと柑橘ですから、フルーツが入ったサラダにはもちろん相性抜群です。また、ハーブや緑の野菜を添えて、柑橘類（レモンなど）をかけるような料理は普段の食卓にも多いはず。そんなときはソーヴィニョン・ブランの出番です。
　特にロワール産のものは、**ミネラル感**が特徴です。コントレックスなど、超硬水タイプのミネラルウォーターに、とろみや塩味を感じたことはないでしょうか。あれがミネラルです。ワインにおいては、味わいに輪郭が与えられ、酸味や旨み、果実味などがくっきり際立ちます。ニュージーランドのものは、ロワールより香りも果実味も強いです。

3.
辛口ロゼワイン

おすすめの産地●プロヴァンス地方
おすすめの料理●日本の家庭料理、中華料理全般

———

　プロヴァンス人はどんなときも、地元産の辛口ロゼワインを飲みます。プロヴァンス出身のわたしの友人もそうで、確かにコスパがいいし、どんな食事にも合います。
　辛口ロゼには、白と赤の両方の要素があり、しかもそれぞれが突出せず、調和しているものが多いです。日本の家庭料理のやさしい味わいには、寄り添うようになじんでくれる一方で、中華料理のように、辛かったり、味わいが強くしっかりしたものにも合います。ドライな白や軽い赤では負けてしまう、かといってしっかり重めな赤では食べ疲れてしまう、そんなときにぴったりです。負けず、勝たず、受け流す。食中酒としてこれほどの万能選手はないでしょう（中華料理には半甘口のシュナン・ブランやゲヴュルツトラミネルもおすすめです）。

4.
発泡性のロゼワイン

おすすめの産地●シャンパーニュ地方、アルザス地方
おすすめの料理●牛しゃぶ、鶏鍋、冷しゃぶサラダ、鰹のたたき（+オニオンスライス&ポン酢&赤柚子胡椒）、鉄火巻など

———

　冬の鍋料理なら、コレです。白の泡よりも、果実味が強く、ほんのちょっとですが渋味（正体は**タンニン**です）も感じます。これが「コク」となって、例えば肉と合わせると、旨みや風味を引き立てます。さらに、シュワッとした泡で脂もすっきりと流してくれます。また、ポン酢との相性も抜群です。やさしい果実味同士が寄り添い合い、泡が風味にふくらみをもたらしてくれます。

ワインをもっと楽しむために……

ワインを買う

- ワインショップで買うときには、素直に「これくらいの予算で、おすすめをください」とお願いするのが実は鉄板です。さらに、飲むシチュエーションや、合わせる料理などを付け加えれば、外れなく選んでもらえるでしょう。

- 味わいを言葉で伝えて購入するのもよいですが、自分と相手の基準がズレていることが多いです。そんなときは、シンプルな言葉で伝えたほうが間違いがないと思います。ボディが軽めor重め、酸味が弱めor強め、タンニンがやさしめorしっかりめ、など。

ワインを贈る

- 相手の好みを把握してプレゼントするのが順当ですが、ときには味わい以外で選んでみるのも楽しいです。例えばヴィンテージにこだわってみる。相手の生まれ年はもちろん（ちょっと高くなりがちですが）、自分たちが出会った年など、なんでもいいです。選んだ理由を言ってもらえると嬉しいものです。エチケットで選ぶのもおすすめ。未年の方に羊の絵が描かれたエチケットのワインを選んだり。

おいしい温度

- 発泡性ワインや白ワインは、基本的に冷やして飲みます。夏なら直前に、冷凍庫や氷水でキンキンに冷やしてもいいと思います。

- 赤ワインは、あまり冷やすとタンニンを強く感じることがあるのですが、軽めのものならお好みで冷やしてもいいと思います。

- 高級なものは、泡・白・赤を問わず、少し温度を上げたほうが香りが開いたり、さまざまな要素を感じやすくなったり、ポテンシャルがより発揮されることもあります。

飲む順番

- 泡→白→赤の順番で、軽めから重め、ドライなものから甘めのもの、カジュアルなものから高級なものと飲むのがセオリーです。

- 日本人はお酒に強い人ばかりではないので、セオリーにとらわれず、とっておきのワインを、酔う前に飲んでもいいでしょう。

おすすめのグラス

- 1つだけ選ぶならリースリングタイプのグラスがおすすめ（22ページなど）。縦長で、口にむかってすぼまっています。白、ロゼ、軽めの赤に対応可能な、万能グラスです。

- 木村硝子店のピッコロシリーズ、リーデル社のオヴァチュアシリーズのホワイトワインなどもおすすめ。ボウルがやや大きめで、ステム（脚）があまり長くなく、値段も手頃です。

マナー

- 基本的にはホスト側の男性がみなさんにワインを注ぎます。量はだいたい、ボウルの一番膨らんでいる部分のちょっと下くらいまで、100～120ml（ボトルの1/6～1/7の量）程度です。1/2～1/3くらいに減ったら注ぎ足しましょう。注がれる側はグラスをテーブルに置いたままか、軽く手を添えます。

- 乾杯をするときにはちゃんと相手の眼を見ましょう！ それだけで雰囲気がグッと盛り上がります。

- ワインをむやみとまわす（スワリングする）のはよしましょう。空気に触れ（酸化して）、ワインの風味や味わいが開くといわれていて、若くてパワフルな赤ワインには有効かもしれませんが、軽めのワインや熟成した繊細なワインをそんなふうに乱暴に扱うと、すっぱいだけになってしまうこともあります。

保存期間・方法・器具

- 保存するときには、温度が上がってしまわないようにしましょう。泡が抜けたり、酸化が進んで香りがとんだり、酸味が強くなったり、味わいに致命的なダメージを受けてしまいます。その日に飲む分をグラスに注いだら、すみやかに冷蔵庫にしまいましょう。

- 保存器具としては、「バキュバン」というワインボトルから空気を抜く商品があります。ワインの酸化を抑えることができます。ボトル内の酸素を追い出してしまう、窒素のスプレーもあります。

- 保存期間は、ワインによっても、保存方法によっても変わってきますが、基本的には開けたら2、3日で飲むのがいいでしょう。

よく知らないワインを料理と合わせる

- 産地の食文化を調べたりすれば、間違いないですが、産地が寒いところか暖かいところかわかるだけでも役立ちます。寒い地方のワインはすっきりドライなものが多いので、生の野菜や魚介を使った、さっぱり、軽いものを合わせましょう。暖かい地方のワインはこってり、重めのものが多いので、合わせる料理も焼いたり煮込んだり、ソースをつけたり、しっかり重厚な味わいのものがよいでしょう。

対談
おいしい旅の集大成
飯島奈美 料理 × 杉山明日香 ワイン監修

お鮨の縁

杉山明日香(以下A) わたしと奈美さんは、絶対気が合う! って、知り合う前から共通の友人たちに言われていたよね。
飯島奈美(以下N) 紹介したいって、いつも言われてたけど……。
A 紹介される前に会っちゃった。
N 明日香さんの故郷・佐賀の唐津で催されたお鮨の会だったね。
A あの職人さん、もう引退しているのに、特別に握られるっていうから、もう居ても立っても居られなくて。お鮨のためだけに帰ったら、奈美さんも同じようにお鮨のためだけに来てた。わたしたち、食いしん坊だよね。
N そこで出会ってからすぐに、明日香さんが教えているワインスクールに習いに行くようになって。
A お鮨の会が3月で、7月にはもうパリに一緒に行ってた。

おいしい旅

A 出会ってから、いろんなところに行ったね。シャンパーニュ地方とか。
N ボルドー、ロワール、ブルゴーニュも。
A ブルゴーニュはコート・ドール地区も、シャブリも、マコンも、全土に渡ってね。奈美さんが毎朝お米炊いておにぎり作ってくれるのが、幸せ。
N 朝からワイナリーで試飲だもん。食べなきゃ酔っ払っちゃうよ。ブルゴーニュは、タルタル・ステーキもおいしかった!
A おいしかった! さすが、名産だけあって、マスタードが効いてて、ケッパーもたっぷり。いろんなところのタルタルを食べくらべたよね。
N ボルドーではカヌレを食べたり。
A そうそう。奈美さん鼻が利くから、パッと買ったものなのに、おいしいの。買い物、即決だよね。
N 直感で生きてるから(笑)。

ベッコフと鶏じゃが

A 直感だけじゃなくて、分析的でもあって、奈美さんは食事をすると、何が入っているかよく味わっている。それで、「わたしだったらこんなふうに作る」って思いついたことをいろいろ話してくれるのもおもしろい。シャブリでハムのステーキを食べたときも……。
N わざわざハムをステーキに? って意外だったけど、簡単だし、ハムといえばお歳暮の定番だし、すぐ日本でできるって思った。ハムカツだけじゃもったいない。
A 日本に帰ってくると、そうやって奈美さんが旅先の味を参考にしてお料理を作ってくれることがあるけど、わたしは本場よりおいしい、って思うことがあるよ。例えば、「鶏じゃが」(56ページ参照)とか。
N でも、あれは「ベッコフ」を、わたしがまだ知らないときに……。
A 奈美さんがお家で作ってくれて、わたしが「これ、アルザス料理のベッコフだ!」って気づいて、慌てて、同じアルザスのワインを開けたんだよね。もう最高だった。ベッコフが象徴的だけど、フランスの郷土料理って素朴で、日本の食卓になじみやすいものも実は多いんだよね。あの鶏じゃががきっかけで、ふたりの研究が加速したと思う。そして、こうして本にまで!

パレ・ロワイヤルにて。左・杉山明日香、右・飯島奈美

奈美さんの味

N　わたしが作る日本の家庭料理って、醤油を使った甘辛味もあるけど、塩味とか、シンプルな味付けも多くて、もともとワインに合う可能性があったのかもしれない。きんぴらにしても、そんなに甘くしないし。

A　素材の味を活かす味付けだから、ワインに寄り添ってくれるんだよね。この本の料理にもその特徴がすごく出ていると思った。本場のレシピが、盛って盛って、の足し算なら、奈美さんは、あえて引き算でアレンジしたり。元のフランス料理のエッセンスはきちんと押さえているけど、奈美さんの料理になっている。ワインに合うし、もちろん日本人の口にも合う。フランス人も奈美さんの料理の虜になっていたね。

N　「ナーミン揚げ（82ページ参照）」を、パリで開いたNami's Dinner*1でも作ったね。

A　たくさんのフランス人が今まで食べたクロケットの中で、一番好きって言ってた！ ペルネのところ*2でも、お料理してもらったけど、子供たちがいつも行ってた日本食レストランに行かなくなっちゃったみたいだよ。

N　あのときは、唐揚げとか日本の家庭料理を作ったね。

A　子供たち、大騒ぎだったもんね。

N　明日香さんとフランスに行くようになってから、料理の幅が広がった。たとえば、この間は、お好み焼きのソースで「卵の赤ワイン煮（28ページ参照）」を作ったな。

A　すごい！ おもしろい！ 誰も作っていない料理だね。

N　この本に載せた調理法とかアイデアって、実は定番の家庭料理や、いつもの食材にも生かせるんだよね。

A　知り合って、今年で5年、いろんな地方のお料理やワインを試して、研究して、この本は、ある意味集大成だね。

*1 公募したお客さんに飯島さんがお料理を振る舞い、杉山さんがワインと日本酒をセレクトした、一夜限りのスペシャル・ディナー。
*2 シャンパーニュの生産者「Pernet & Pernet（ペルネ・エ・ペルネ）」のこと。杉山さんが日本へ輸入している。

料理
飯島奈美
Nami Iijima

フードスタイリスト。東京生まれ。テレビCMを中心に広告、雑誌、イベントなどで幅広く活躍。2005年の映画『かもめ食堂』参加をきっかけに、映画やテレビドラマのフードスタイリングも手がけるようになり、映画『海街diary』、ドラマ・映画『深夜食堂』、連続テレビ小説『ごちそうさん』、ドラマ『カルテット』といった話題作を担当。著書に『LIFE』(東京糸井重里事務所)、『セカイのきんぴら』(朝日新聞出版)、『飯島風』(マガジンハウス)、『あしたのお弁当』(主婦と生活社)、『深夜食堂の料理帖』(共著・小学館)、『おいしい世界の台所』(リトルモア)、『今日も食べたいごはん』(ぴあ)などがある。最新刊は『LIFE 副菜2 もうひと皿!』(ほぼ日)。

ワイン監修
杉山明日香
Asuka Sugiyama

理論物理学博士、ソムリエール。東京生まれ、唐津育ち。ワインスクール「ASUKA L'ecole du Vin」を主宰するほか、ワイン、日本酒の輸出入業を行う。また、東京・西麻布でワインバー&レストラン「ゴブリン」を、続いてパリでレストラン「ENYAA Saké & Champagne」をプロデュースするなど、ワインや日本酒関連の仕事を精力的に行っている。現在、Asahi Shimbun Digital「&w」にて「ワインとごはんの方程式」を隔週連載中。著書に『受験のプロに教わる ソムリエ試験対策講座』(リトルモア)、『ワインの授業 フランス編』、『おいしいワインの選び方』(以上イースト・プレス)など。有名進学予備校で数学講師として長く教鞭をとっていることから、伝え、教える手腕は高い評価を得ている。
なお、ASUKA L'ecole du Vinでは受講生を募集しております。詳しくは、www.asuka-edu.co.jpをご覧下さい。
輸入を手がけるワインはこちらで購入できます。http://auxtroissoleils.shop-pro.jp

ワインがおいしい フレンチごはん

発行日　2017年5月26日初版第1刷

料理	飯島奈美
ワイン監修	杉山明日香
写真	宮崎純一 (94–95、103ページ、カバー袖をのぞく)
デザイン	木村裕治、後藤洋介
編集	加藤 基、當眞 文
フランス語監修	中村 快
発行者	孫 家邦
発行所	株式会社リトルモア 〒151-0051 渋谷区千駄ヶ谷3-56-6 Tel 03-3401-1042　Fax 03-3401-1052 www.littlemore.co.jp
印刷・製本所	株式会社東京印書館

乱丁・落丁本は送料小社負担にてお取り換えいたします。
本書の無断複写・複製・引用を禁じます。

© Nami Iijima / Asuka Sugiyama / Little More 2017
ISBN978-4-89815-459-5 C0077